W0362402

SCHLÜSSELSÄTZE DER LIEBE

OSKAR HOLZBERG

SCHLÜSSELSÄTZE DER LIEBE

50 kluge Gedanken,
die Ihre Beziehung verbessern können

DUMONT

FSC
www.fsc.org
MIX
Papier aus verantwortungsvollen Quellen
FSC® C083411

Erste Auflage 2015
© 2015 DuMont Buchverlag, Köln
Alle Rechte vorbehalten
Umschlaggestaltung: Lübekke Naumann Thoben, Köln
Satz: Silvia Cardinal, Köln
Gesetzt aus der Dante und der Futura
Gedruckt auf säurefreiem und chlorfrei gebleichtem Papier
Druck und Verarbeitung: CPI – Clausen & Bosse, Leck
Printed in Germany
ISBN 978-3-8321-9802-2

www.dumont-buchverlag.de

INHALT

Welche Ungeheuerlichkeit, dass der Mensch
allein nicht ein Ganzes ist. *Max Frisch*

VORWORT

Ich habe nicht beschlossen, dieses Buch zu schreiben, das klingt vielleicht seltsam. Aber dieses Buch ist tatsächlich »entstanden«. Fast jeden Tag treffe ich mich mit Paaren in meiner Praxis zur Paartherapie. Es ist ein besonderes Privileg, dabei zu sein, wie Liebespartner darum ringen, ein Paar zu bleiben. Wieder ein Paar zu werden. Oder überhaupt erst ein Paar zu werden. Mit der Zeit beginnt man als Therapeut, bestimmte Muster wahrzunehmen. Das ist ein gefährlicher Zeitpunkt, denn die Gefahr dabei ist, dass man dann vor lauter Mustern die Paare nicht mehr sieht. Obwohl ich also versuche, jedes Paar mit seinen ganz persönlichen Problemen zu betrachten, nehme ich gleichzeitig Strukturen ihres Miteinanders wahr, sie ploppen sozusagen automatisch in mir auf, wie Erinnerungsfenster auf dem Smartphone-Screen. Plopp: Dieser Mann unterscheidet nicht, dass er einerseits mit seiner Partnerin mitfühlen und gleichzeitig eine ganz andere Meinung zu ihrem Problem haben kann. Plopp: Diese Frau hat Angst vor Konflikten und glaubt, dass ihr Mann sie lieben wird, wenn sie nur lieb zu ihm ist. Plopp: Oh, dies war absehbar der absolut falsche Zeitpunkt für den Mann, seinen lustigen Spruch anzubringen, und er hat es nicht bemerkt! – Denken Sie sich das

»Plopp« weg, denn glücklicherweise funktioniert mein Gehirn noch ohne akustische Signalmeldungen, und Sie haben eine Ahnung, was so nebenbei im Gehirn eines Psychotherapeuten vorgeht. Außer, dass ihm leider auch manchmal einfällt, dass er seine Stiefel vom Schuster abholen muss.

Ich lese relativ viel und gehöre einer Profession an, die unendlich viele Fortbildungen macht. Psychotherapeuten sind ständig auf Workshops, in Aus- und Weiterbildungen. Was Sinn macht, da es ja vermutlich kaum etwas Komplexeres und Vielschichtigeres als die menschliche Psyche gibt. Auch hier bin ich immer wieder auf Sätze gestoßen, die mich berührt haben und an denen ich mich orientierte. Sätze, die vieles auf den Punkt bringen, was ich zuvor irgendwie diffus schon gedacht hatte, und die mir helfen, Klarheit zu gewinnen.

Andererseits lese ich manchmal Bücher von vorne bis hinten durch und kann mich anschließend gar nicht mehr so recht erinnern, was ich denn jetzt gelernt habe, obwohl ich das halbe Buch mit Textliner markiert habe. Ich habe also eine gewisse Begeisterung für Zitate und kluge Sätze. Was nicht heißen soll, dass ein Satz, den ich für eine Offenbarung halte, nicht völlig trivial sein kann. Aber mich bringt er gerade weiter und hilft mir, meine Sicht der Welt etwas zu verändern.

So haben sich dann die in mir aufploppenden Einsichten mit Sätzen verbunden, die mir eingefallen sind oder die ich irgendwo gelesen oder gehört habe. Und ich landete bei »Lieb sein ist keine Liebe« oder »Humor ist nicht immer witzig«. Und von da war es nur noch ein kleiner Schritt, diese Sätze aufzuschreiben. Und so entstanden dann in Zusammenarbeit mit einer unterstützenden Redaktion die »Schlüsselsätze der Liebe« erst als Kolumne und letztlich als dieses Buch.

Neben den Schlüsselsätzen finden Sie in diesem Buch einige längere Texte zu wichtigen Aspekten einer Partnerschaft. Suchen sie in diesem Buch nicht nach der einen Wahrheit, der richtigen Antwort oder der besten Lösung. Ich glaube nicht, dass so etwas existiert. Dafür sind Liebesbeziehungen zu komplex. Sie werden nicht erfahren, wie Sie richtig lieben können. Sie werden auch nicht erfahren, wie Sie eine glückliche Beziehung führen können. Denn es gibt weder eine richtige Art zu lieben noch eine ewig glückliche Beziehung. Lieben bleibt eine Kunst.

Aber sie können Anregungen und Einsichten finden, die Ihnen helfen, Ihren Weg in Ihrer Liebesbeziehung leichter und besser zu finden. Wenn alles gut geht, irritiert und inspiriert Sie dieses Buch und verändert Ihre Sicht auf Beziehungen ein wenig. Sobald wir etwas anders sehen, ist es schon nicht mehr das Gleiche. Ich denke und hoffe, dass dieses Buch dazu beitragen kann.

I

WIDERSPRÜCHE

Die unerträgliche Unlösbarkeit des Paarseins

Im Vorübergehen las ich den Aufmacher einer Zeitung: »Zweckehe oder wahre Liebe?« Bei näherer Betrachtung ging es dabei um eine politische Koalition zwischen SPD und Grünen. Aber die Schlagzeile stammt aus unserem Beziehungserleben. Genau so denken wir. Wahre Liebe hui, Zweckehe pfui. Doch unsere ganz gewöhnliche Lebensgemeinschaft ist beides. Sie hat einen doppelten Charakter, sie ist einerseits Liebesbeziehung, andererseits Partnerschaft. Was sich heftig widerspricht. Wie sollen die wilde, ungezügelte leidenschaftliche Liebe und die ausgewogene, faire und aushandelnde Partnerschaft eins werden? Nachts fessele ich dich ans Bett. Und morgens erklärst du mir, dass ich dich nie wieder ans Bett fesseln darf, wenn ich nicht das Altglas wegbringe.

Und wie wollen wir eigentlich mein Bedürfnis nach persönlicher Selbstentfaltung und dein Bedürfnis nach persönlicher Selbstentfaltung gemeinsam und gleichzeitig in einer Neubauwohnung in Hamburg-Altona verwirklichen? Wenn ich dreimal die Woche zur Bandprobe gehe, dann ist das meine Lebensqualität, aber du vermisst mich. Du brauchst deine Puppensammlung und deine Freundinnen unbedingt um dich, aber ich werde dabei wahnsinnig. Wir wissen nicht, wie das gehen soll. Wir wissen nur, wie wir unsere Liebesbeziehung innerhalb von zwei Wochen zerlegen könnten. Wir könnten uns fragen: »Was müsste ich tun, damit unsere Beziehung mit Sicherheit so schnell wie möglich zu Ende geht?« Und dann genau das alles nicht tun. Ungefähr so funktioniert Beziehungsarbeit.

Eine Liebesbeziehung fühlt sich wie ein unlösbares Zen-Koan an. »Welchen Laut macht das Klatschen einer Hand?« erscheint leichter zu beantworten zu sein als »Wie werde ich in meiner Liebesbeziehung zufrieden?« Besonders heute. Denn wir haben gewaltige Ansprüche. Wir möchten unsere Wünsche wirklich alle erfüllt bekommen. Zu einem angemessenen Preis-Leistungs-Verhältnis. Wir leben im Gefühlsrausch glücklicher Konsumenten, die ein Recht auf Erfüllung zu haben glauben. Wir sind gar nicht so unzufrieden mit unserem Liebesleben. Wir sind unzufrieden, weil wir glauben, ein weitaus besseres finden und noch glücklicher leben zu können. Wir ruinieren unsere Beziehungen weniger durch Bindungsangst oder emotionales Analphabetentum als durch die fixe Idee, dass eigentlich eine viel großartigere Beziehung für uns irgendwo auf uns warten könnte.

Wir wollen das Unmögliche. Und das ist immer zu unterstützen, besonders in der Liebe. Denn wie Eugene O'Neill schrieb: »Wer nach Erreichbarem strebt, der soll verdammt sein, es zu bekommen.« Doch das Unmögliche ist nicht, sich den begehrtesten Junggesellen Hollywoods gleich von der Leinwand zu pflücken. Das Unmögliche ist eine ganz durchschnittliche, stinknormale langjährige Liebesbeziehung zu führen und dabei nicht an den eigenen unendlichen Ansprüchen zu scheitern. Ein Applaus für alle, denen dies gelingt!

In 92 Prozent aller untersuchten Gesellschaften wurden romantische Gefühle gefunden. Aber deswegen zu heiraten, wie wir es tun, ist verwegen. Dieses Ideal hat sich erst vor 200 Jahren in der Romantik entwickelt und nur in Europa als Reaktion auf die Verunsicherungen durch die Industrielle Revolution. Im Mittelalter zum Beispiel war ein Mann, der seine Frau wirklich liebte, eher Ziel von Hohn und Spott. Und Liebe als sexuelle Leidenschaft auszuleben, galt im 16. Jahrhundert als gefährlich und musste vermieden werden. Wir sind Gefangene unserer Zeit. Liebe ist immer auch Zeitgeschichte. Sie war und ist kein einfaches Gefühl. Liebe ist ein komplexes

Erleben, das sich aus Vorstellungen, Wünschen, Emotionen und Fantasien zusammensetzt. Sind Bindung, Fürsorge und Sexualität die Elemente einer Liebesbeziehung? Oder Leidenschaft, Intimität und Verbindlichkeit? Wir können voller Schmerz und Trauer Liebe fühlen. Wir können in größter Freude Liebe fühlen. In rasender Leidenschaft, in stillem Mitgefühl. Das Gefühl an sich ist dabei nicht immer angenehm. Liebe hat dunkle Seiten. Liebeskummer, Betrug, Eifersucht, unerfüllte Sehnsucht, tiefe Einsamkeit. Verdammt, was ist Liebe und wie lebt man sie?

Wir können in anderen Kulturen sehen, dass es ganz andere Wege gibt, Liebe zu leben: Vielehen, arrangierte Ehen, institutionalisierte Geliebte. Aber ob dabei eine bessere Lösung gefunden wurde als unsere? Wir werden das nie wissen. Es ist auch unwichtig. Denn wir sind dabei, die falschen Fragen zu stellen. Wir wollen immer wissen, wie es geht. Wie es richtig geht. Wie die Lösung aussieht. Dass wir auf manche Fragen keine Antwort bekommen, finden wir unerträglich. Wir wollen nicht akzeptieren, dass keine Antwort zu finden auch eine Antwort ist. Und das dürfte ganz eindeutig eine Zeitkrankheit sein, die unser wissenschaftlicher Fortschritt mit sich bringt. Für jedes Problem finden wir eine Lösung. Gletscher schmelzen? Decken wir sie eben mit Folien zu. Wir pusten zu viel O_2 in die Luft? Dann pressen wir es eben in die Erde. Wir wollen wissen, wie das Wetter am anderen Ende der Welt ist. Schalten wir unser Smartphone ein. Unsere Frau ist enttäuscht von uns. Tja, dann haben wir ein Problem. Oder wir suchen eine App. Die Meine-Frau-ist-enttäuscht-von-mir-App. Die App wird es bald geben, falls es sie nicht schon gibt. Aber die Antwort werden wir dort nicht finden. Die finden wir nur bei unserer Frau, mit unserer Frau. Im guten alten Miteinandersein, das so verdammt komplex und schwierig ist. Auf unserem eigenen Weg, der allein schon deshalb so holprig ist, weil was eben noch galt, jetzt schon wieder nicht zutrifft. »Man kann sich zwar aussuchen mit wem man lebt, aber nicht was aus ihm wird«, schreibt der amerikanische Schriftsteller David Vann. Das Leben ist eine Baustelle, wir spüren es nirgendwo mehr als in der Liebe. Wenn wir wirklich Jahrzehnte miteinander verbringen, leben wir nicht eine, sondern eine ganze Reihe von Beziehungen, und alle Lösungen, die wir miteinander gefunden haben, gelten dann wieder nicht mehr, und wir stehen immer wieder vor neuen Fragen.

Es geht also darum zu akzeptieren, dass es keine Antworten und keine Norm gibt. Wir haben die Wahl. Jedes Paar lebt anders. Das ist auch die Einsicht der Paarforschung. Jedes Paar wird auf seine Weise glücklich. Es gibt Paare, die leben vergnügt damit, gar keinen Sex zu haben, andere schlafen jeden Tag miteinander. Manche streiten von morgens bis abends. Andere kehren alles unter den Teppich. Der so groß sein muss wie drei Fußballfelder. Aber solange sie es gemeinsam tun, ist alles cool.

Unsere jahrzehntelange monogame Ehe ist nur eine mögliche Lebensform von vielen. Und das moderne Leben, die ungeheuren Zwänge zu Mobilität und Flexibilität, sprechen sowohl dafür, dieses Modell weiter zu vertreten, als auch dafür, sich schleunigst davon zu verabschieden. Die Lebensformen wandeln sich, brechen auf. Die serielle Monogamie ist längst Normalität, genau wie die Patchwork-Familie. Und weil ständig immer mehr Flexibilität von uns gefordert wird und wir bald mehr Zeit mit Facebook-Freunden als mit realen Freunden verbringen, brauchen wir die feste, vertraute Bindung zu einem geliebten Partner mehr denn je. Und weil immer mehr Flexibiliät gefordert ist und wir bald mehr Zeit mit unseren Facebook-Freunden als mit realen Freunden verbringen, ist eine feste, vertraute Bindung zu einem geliebten Menschen eine anachronistische Fessel, die uns nur behindert.

Wir Menschen sind flexibel. Und wo sich das gute Leben versteckt hält, muss jeder für sich herausfinden. Gerade jetzt, wo sich unsere Gesellschaft durch die neuen Technologien so dramatisch verändert. Diesmal verändert sich nicht, wie schnell wir von Stuttgart nach Ulm kommen, wie es der Otto-Motor tat. Diesmal verändert sich direkt, wie wir unsere Beziehungen leben. Wir haben keine Ahnung, was es mit uns machen wird, dass mit einem »Wisch« auf Tinder endlos neue Beziehungspartner auftauchen. Dass wir unsere Sehnsüchte nicht mehr aufsparen müssen, sondern den anderen ständig erreichen können. Dass wir immer mehr voneinander erfahren und uns bald lückenlos gegenseitig überwachen können. Dass jeder schon als Achtjähriger per Mausklick zwei Milliarden Sites zu Sex und Porno abrufen kann. Dass interkulturelle Paare die Regel werden. Und wir ständig den Herzschlag unseres Liebsten auf unserer Smart-Watch pulsieren sehen können. Und dass wir zu jedem Beziehungsproblem endlos Lösungen oder Ratschläge googlen können. Gerade das bringt mit sich, dass wir als Liebende letztlich immer unglücklicher miteinander werden. Denn wir vergleichen uns schon längst nicht mehr allein mit unseren Freunden Biggi und Olli, sondern mit der ganzen Welt. Wir bekommen das Gefühl zu versagen angesichts all der Beispiele von Paaren, die ihre Beziehungsprobleme gelöst zu haben scheinen, die happy Promi-Pärchen, die uns mit ihren gebleachten Zahnreihen anstrahlen. Und wir sind wieder so genervt voneinander, dass wir froh sind, wenn das Wochenende endlich vorbei ist, und wir wieder arbeiten gehen können. Ständig werden wir mit neuen Erkenntnissen über die Liebe konfrontiert und mit dem Druck, sie umzusetzen. Ein Forschungsergebnis besagt, dass in stabilen Beziehungen auf eine negative Interaktion fünf positive kommen – 1 : 5. Leicht zu merken. Aber zählen wir jetzt mit? Bekommt »gimme five« eine ganz neue Bedeutung? Geben wir fünf Streicheleinheiten vor und hauen unseren Partner dann einmal ganz gefahrlos so richtig in die Pfanne?

Oder: Verheiratete Menschen sind glücklicher als Nicht-Verheiratete. Aber was ist der Zusammenhang? Sollten wir deshalb unbedingt heiraten? Oder könnte es nicht auch sein, dass einfach niemand Bock hat, miesepetrige, unglückliche Menschen zu ehelichen? Die Liebe währt nicht ewig, weil wir begriffen haben, wie man den Liebes-Nippel durch die Lasche zieht. Aber es entsteht schnell der Eindruck, dass es einen richtigen Weg gibt. Und das macht uns dann endgültig unglücklich. Denn nun versuchen wir, es auch »richtig« zu machen, statt weiter unseren ganz eigenen Weg als Paar zu finden. Schlimmer ist aber noch, dass wir ja bislang nur alles falsch gemacht haben. Aber jetzt bekommen wir es nicht einmal mehr hin, es richtig zu machen!

Wenn wir für die Widersprüche und ständigen Veränderungen unseres Liebeslebens keine Lösungen finden können, was können wir dann machen? Vermutlich genau das, was wir tun. Immer weiter fragen, denken, endlos um dieses für unser Leben so wichtige Thema kreisen. Nur eben mit der Haltung, dass unser Suchen schon die Antwort ist. So entwickeln wir Schritt für Schritt eine Paarintelligenz, die uns hilft, unsere Liebesbeziehungen nicht nur zu überleben, sondern wirklich zu leben.

Die Kognitionswissenschaftler Douglas Hofstadter und Emmanuel Sander haben in ihrem Buch »Die Analogie« Intelligenz als die Fähigkeit definiert, in einer Situation naheliegende Analogien zu finden, um den Wesenskern der neuen Situation zu erfassen. Wir benötigen Begriffe, Metaphern, Kategorien, um unser Erleben einordnen und darüber nachdenken zu können. Je mehr wir davon zur Verfügung haben, desto leichter sollte es uns fallen, uns zurechtzufinden. Solange wir nur die Gänseblümchen-Lösung der Neunjährigen kennen, sind wir verloren. Bei der Gänseblümchen-Lösung geschieht, was immer unser Partner tut, entweder weil er uns liebt, oder weil er uns nicht liebt. Er hört mir nicht zu: Er liebt mich nicht. Er gibt mir einen Kuss: Er liebt mich. Abends liegen die Gänseblümchen-Intelligenten im Bett und versuchen durch Zählen herauszufinden, ob ihre Beziehung noch gut ist.

Herzchen-Bettwäsche reicht eben nicht. Wir können unser Herz nicht nur fühlen lassen. Wir brauchen ein denkendes Herz. Auch wenn wir es als Verliebte genießen, wir sollten den Verstand in der Liebe nicht verlieren. Denn wir müssen lernen, ein Paar zu sein. Niemand geht beziehungsfähig in eine Liebesbeziehung. Wir werden es erst in der und durch die Beziehung. Wenn alles gut geht. Eine Liebesbeziehung wird nicht schwierig, weil wir blöd, unreif oder emotional unterbelichtet sind. Sie ist von Anfang an schwierig. Das Modell der Liebe, das unsere Kultur von uns fordert, ist keine durchdachte Lösung, sondern ein Rätsel, das uns mehr belastet als unsere persönlichen Defizite. »Die Verbindung von geistiger Liebe, frustrierter Sexualität und Ehe ist der besondere westliche Beitrag zur Evolution menschlicher Beziehungen«, spottete der amerikanische Psychologe Sam Keen.

Trotz oder wegen all dem: Wir leben vermutlich in den besten Beziehungen, die es je gegeben hat. Es mangelt uns nicht an Engagement und Hingabe. Aber wir werden schon allein deshalb keine Lösung finden, weil es kein Problem gibt. Probleme existieren nicht einfach. Sie sind unsere Sicht der Dinge, unsere Sicht auf unser Paar-Sein.

DIE LÖSUNG IST, DASS ES KEINE LÖSUNG GIBT

»Mensch, kannst du deine Schuhe nicht einmal ins Regal stellen statt sie mitten in den Flur zu knallen? Das kann doch nicht zu viel verlangt sein!« Petra, ein friedfertiger Mensch, gibt den unschuldigen Halbschuhen ihres Gemahls einen gezielten Karatekick und brüllt dabei das S-Wort. Petra, das wird klar, fühlt sich durch den unordentlichen Michael an ihrer Seite respektlos behandelt. Verständlicherweise. Sie möchte kein Generve mehr über zugemüllte Schubladen, unauffindbare Haushaltsscheren und marodierende Socken. Sie möchte für ihren Ordnungsstress endlich eine Lösung. Der neu angeschaffte Schuhschrank war keine. Denn den benutzt Michael natürlich auch nicht.

Wir verstehen Petra, aber wir müssen sie schwer enttäuschen. Denn sie wird keine Lösung finden. Einfach weil es keine Lösung gibt. Ein Chaot mutiert selbst im Angesicht des Scheidungsanwalts nicht zum Ordnungsfanatiker. Und Ordnung ist zwar das halbe Leben, aber wer sich einmal für die andere Hälfte entschieden hat, bleibt ihr treu.

Nicht jedes Problem hat eine Lösung. Ein ungewöhnlicher Gedanke. Wo wir doch heute immer lösungsorientiert denken sollen. Und jedes Haushaltsgerät Lösungen verspricht für

Probleme, von denen wir nicht einmal wussten, dass es sie gibt. Rund 70 Prozent aller Probleme in einer Beziehung sind nach Dr. John Gottman, einem der führenden Paarforscher, unlösbar. Eine Zahl, die sich langsam herumspricht und zunächst wie eine Einladung zur Vollresignation klingt. Wenn sich 70 Prozent aller Konflikte ohnehin nicht lösen lassen, wozu streiten wir dann? Sollten wir schwierige Beziehungen also besser gleich aufgeben?

Tatsächlich ist es umgekehrt. Wir können Beziehungen erst sinnvoll führen, wenn wir verstehen, dass es für die meisten Konflikte in einer Partnerschaft keine Lösung gibt, die das Problem ein für alle Mal und einvernehmlich aus der Welt schafft. Sobald wir das akzeptiert haben, denken wir anders. Dann suchen wir Lösungen, um mit dem Problem leben zu können. Statt endlos um eine nicht erreichbare Einigkeit zu streiten, suchen wir nach Möglichkeiten, die unsere Unterschiedlichkeit respektiert. Eine Er-lösung! Wir können endlich weiterkommen.

Denn nun können Kruschelschubladen existieren, die ein ordentlicher Mensch nie haben würde, in die er aber alles werfen kann, was vom unordentlichen Partner in der Wohnung herumfliegt. Dann teilt man das gemeinsame Einkommen so auf, dass sich der sparsame Partner nicht ewig am konsumfreudigen reiben muss. Der Kampf um nicht erreichbare Lösungen ist wie Don Quichotes Kampf gegen die Windmühlen. Wenn wir ihn endlich aufgeben, werden gegenseitiges Verständnis und Kompromisse möglich. Weil wir jetzt unseren Partner nicht mehr dafür hassen, dass er die Lösung verhindert.

Bleibt noch die wichtigste Aufgabe: Zu erkennen, welche Probleme sich tatsächlich lösen lassen. Zumeist jene, bei denen Persönlichkeitsmerkmale keine Rolle spielen. Aber Vorsicht! Wenn er lieber einen Einkaufsplan hätte, sie das aber überflüssig findet, ist das sicher lösbar. Wenn aber hinter dieser harmlosen Differenz der Konflikt darüber lauert, wie spontan man in einer Partnerschaft sein muss, dann wissen wir jetzt, dass die Lösung wieder sein wird, dass es hierfür keine Lösung gibt.

DU KANNST ENTWEDER RECHT HABEN ODER VERHEIRATET SEIN

Die Neurowissenschaftler sagen uns, dass sich unser großes Gehirn nicht entwickelt hat, um mit einem Smartphone umgehen zu können, sondern um in den komplexen sozialen Beziehungen zu überleben, die der Homo sapiens eingeht. Das macht Sinn. Und deshalb ist es umso erschreckender, wie oft Paare schon an der Beziehungsregel Nummer 1 scheitern: In einer Beziehung kann niemand Recht haben.

»Und dann hast du mir Vorwürfe gemacht, dass ich wie immer zu viel Geld ausgebe, und …« Hendrik kann nicht mehr an sich halten. »Das ist überhaupt nicht wahr! Ich habe dir nur ganz genau vorgerechnet, wie viel Geld wir noch zur Verfügung haben. Und deutlich gesagt, dass wir sparen müssen. Das waren sachliche Aussagen und keine Vorwürfe! Das bringst du immer durcheinander!« Halt, Hendrik, halt! Wissen Sie, was gerade geschieht?

Hendrik fühlt sich zu Unrecht beschuldigt. Das möchte er deutlich machen. Das ist sein Recht, und es ist verständlich. Aber dabei verwandelt sich der Hendrik, der richtig verstanden werden möchte, auf wundersame Weise in einen Hendrik, der Recht haben will. Er bleibt nicht bei sich. Er attackiert Bettina. Er empfindet zwar, dass er sich nicht richtig gesehen fühlt. Aber viel deutlicher ist ihm, dass Bettina falschliegt. In seinem Erleben gibt es nur eine Wahrheit. Wenn er also Recht hat, dann muss Bettina Unrecht haben und falschliegen.

Je weniger in unserer Kindheit auf unsere Gefühle eingegangen wurde, desto stärker neigen wir zu Hendriks Verhalten. Ein autoritärer Vater, der nur sein Erleben gelten lässt. Eine Mutter, die ganz in den eigenen Bedürfnissen gefangen ist. Sie lassen uns früh das Falsche lernen: Dass es nur eine gültige Wirklichkeit gibt. Entweder deine oder meine. Aber niemals deine und meine.

Ein Paar, zwei Menschen, leben eine »doppelte Wirklichkeit«, wie es der Paarexperte Professor Lukas Möller nannte. Was Bettina erlebt, sind Vorwürfe. Auch wenn Hendrik es nicht so gemeint hat. Und selbst, wenn er es nicht so gesagt hat. Es ist Bettinas Erleben der Beziehung. Es ist, warum auch immer, ihre Wirklichkeit. Und Hendriks Erleben ist ein anderes. Wir sind immer zwei Herzen und zwei Seelen. Wir leben am selben Lebensfluss aber nicht am gleichen Ufer. Die Beziehungskunst besteht darin, Brücken über den Fluss zu bauen, und sich auf den Brücken zu treffen. Um von dort gemeinsam auf die Ufer, unsere beiden Wirklichkeiten, zu schauen.

Natürlich ist Istanbul nicht die Hauptstadt der Türkei. Aber selbst für eine Diskussion um Fakten gilt, dass es nie allein um die Inhaltsebene geht. Es geht auch immer um die Beziehungsebene: Wie fühle ich mich von dir behandelt? Und wie glaubst du mich zu behandeln? Was scheinst du in mir zu sehen? Und wen siehst du gerade in mir?

Wer versucht, in der Beziehung Recht zu haben, der bestimmt über die Wirklichkeit des anderen. Der Partner muss sich wehren oder er ordnet sich unter. Aber es gibt kein Paar auf Augenhöhe mehr. Wer Recht haben will, sollte nicht heiraten.

DICH BERUHIGT, WAS MICH BEUNRUHIGT

»Wir hatten so ein saublödes Wochenende«, sagt Gerd und schüttelt den Kopf. »Wir haben uns über unseren Zypernurlaub gefetzt. Dabei … also wir kommen dort spät an. Und Ulrike hat Angst, dass dann die Schalter schon alle geschlossen sind, und wir unser Mietauto nicht mehr bekommen.« »Und wir dann auch nicht mehr rechtzeitig ins Hotel kommen«, fällt sie ihm ins Wort. »Also wollte sie, dass ich das alles google. Ich fand das überflüssig, aber da hast du mich gleich angemacht, dass ich nie mal auf deine Bedürfnisse eingehe.« »Was? Du warst doch sofort aggressiv! Hast rumgebrüllt, dass du nicht dein Leben mit so einem Scheiß verbringen willst.« Gerd und Ulrike sind ratlos. Was hat sie so aufgebracht? Die Antwort ist Angst. Oder genauer: wie beide mit ihren Ängsten umgehen.

»Angst essen Seele auf«, sagt ein viel benutztes Zitat. Und unsere nahen Beziehungen, vor allem unsere Partnerschaft, schützen uns davor. Wir wissen, dass der andere für uns da ist, wenn wir ihn brauchen, und das beruhigt. Wenn wir eine OP vor uns haben, kann der Partner bei uns sein. Wenn uns die Zukunft ängstigt, können wir unsere Sorge mit ihm teilen. Auf einer gefährlichen Wanderung kann er uns beschützen.

Aber es wird schwierig für Paare, wenn die eigene Art, sich zu beruhigen, für den Partner eher beunruhigend ist. Wenn die Angststrategie eines Partners darin besteht, sich abzulenken, die des anderen aber, ausführlich über die Sorgen sprechen zu wollen. Wenn einer den pessimistischen Weg geht und sich das Schlimmste vorstellt, um dagegen gewappnet zu sein. Der andere aber den optimistischen Weg verfolgt, sich beruhigt, dass schon alles gut gehen wird und sich gar nicht damit beschäftigen mag, was alles schiefgehen könnte. Wenn einer auf die Angst zugehen, der andere aber ihr ausweichen will. Dann hindern sich Partner gegenseitig daran, innere Ruhe zu finden. Sie werden aufgeregt und versuchen aggressiv, sich gegenseitig zu stoppen.

Ulrike sucht Sicherheit, indem Sie alles genau durchdenken, planen und wissen will. Sie hat dann das beruhigende Gefühl, alles getan zu haben, was möglich ist. Gerd dagegen macht das eher unruhig. Er glaubt, dass man nie weiß, was noch alles dazwischenkommen kann und setzt darauf, dass er im Notfall schon eine Lösung finden wird. Wenn Ulrike ihn bittet, mit ihr zu planen, verweigert er sich und bekämpft ihren Weg, mit der Angst umzugehen.

Angststrategien sind meistens nicht bewusst, aber ständig im Einsatz. Ob wir nun unsicher sind, die richtige Entscheidung zu treffen, befürchten, nicht gemocht zu werden oder nur Sorge haben, zu spät zu kommen. Es ist für Paare hilfreich, sich gemeinsam bewusst zu machen, wie jeder mit Angst umgeht. Wir können uns gegenseitig dabei helfen, es zu erkennen. Und sobald wir unvermittelt in heftige Auseinandersetzungen geraten, dann lohnt es sich erst recht zu überprüfen, ob dich nicht gerade beunruhigt, was mich beruhigt.

HILFLOSIGKEIT KANN HELFEN

»Wie fühlen Sie sich?« »Ratlos«, sagt Claudia und schaut zu Boden. »Hilflos«, sagt Thomas. Tränen treten in seine Augen. »Das ist jetzt vermutlich nicht leicht zu hören«, sage ich, »aber Sie beginnen sich gerade im Tal der Verzweiflung zu treffen.« Sie sehen mich irritiert an, voller Schmerz, wie ihn Paare erleben, wenn sie einander verloren haben. Claudias Eltern hatten sich getrennt, als sie acht Jahre alt war, Thomas' Eltern eine entleerte Ehe geführt, die er um keinen Preis wiederholen wollte. Als sie sich kennen lernten, waren sie kostbar und besonders füreinander, und nach einigen gescheiterten Beziehungen haben beide entschieden zusammenzubleiben. Eine Familie zu haben, bedeutete ihnen mehr als alles andere im Leben. Doch wie in jeder Beziehung wurde schwer, was vorher leicht war. Zunächst richteten sie sich damit auf, dass durch Kinder alles schwieriger wird. Aber irgendwann waren sie einsam und enttäuscht voneinander, von ersten Affären bedroht. Und so sitzen sie jetzt vor mir. Und können ihren gemeinsamen Weg nicht mehr sehen.

In schwierigen Zeiten können sich Paare nicht mehr auf den Gipfeln des Glücks treffen. Sobald sie es versuchen, stürzen sie ab. Sie fühlen sich unverstanden, nicht geliebt und begehrt. Unsicher miteinander. Jeder erregtere Tonfall, jede unachtsame Geste, jedes unbedachte Wort führen zum Konflikt und verstellen den Weg zu guten Gefühlen. Zwar wissen oder ahnen sie, dass auch ihr Partner tief unglücklich ist. Aber dass auch das Unglück zu zweit verbindet, gehört nicht zu unseren Vorstellungen von der Liebe.

Dabei können wir uns ja immer nur dort treffen, wo wir sind. Und in schweren Zeiten sind wir im Tal der Tränen und Verzweiflung. Doch uns so hoffnungslos zu zeigen, macht Angst. Wir wollen unsere wankende Beziehung nicht noch weiter belasten, unseren Partner nicht noch tiefer frustrieren, wenn er hört, wie unglücklich wir mit ihm sind. Er könnte resignieren und die Beziehung ganz aufgeben. Wo wir uns ohnehin schon so alleingelassen fühlen, fällt es uns noch schwerer, uns hilflos zu zeigen. Ja, wir weinen, wir streiten, aber wir geben nicht auf. Wir glauben immer noch zu wissen, was anders sein müsste, wie unser Partner sich verändern müsste.

Wenn wir hilflos sind, dann fühlen wir uns klein. Hilflosigkeit gehört zum Kindsein wie der Daumen im Mund und auf Mamas Schoß sitzen. Schlimm war es, wenn unsere Eltern nicht für uns da waren. Genauso wie jetzt unser Partner. Unbewusst versuchen wir dann das Gleiche wie damals: lieb und artig sein, trotzen, uns verstecken, becircen, abhauen oder kämpfen.

Wenn wir aber wieder zueinander finden wollen, bleibt uns nur der Weg aufzugeben. Wir können das nur, wenn wir das Risiko eingehen, unseren Schmerz, unsere Ratlosigkeit ehrlich miteinander zu teilen. Nicht als klagendes Opfer. Nicht beschuldigend anklagend. Thomas und Claudia lagen irgendwann heulend im Bett. Aneinander geklammert wie zwei

Ertrinkende. Aber sie begannen einander wieder zu spüren, hatten Nähe, weil sie ihre Empfindungen miteinander teilten. Durch ihre Offenheit konnten sie einander wieder vertrauen. Zwei Einsame können sich immer treffen. Denn Liebe ist manchmal auch das gemeinsame Unglück zu zweit.

GEGENSÄTZE VOM GLEICHEN ZIEHEN SICH AN

Ich öffne dem Ehepaar V. die Tür. Schon auf den ersten Eindruck scheinen sie gut zueinander zu passen. Zwei elegant gekleidete, makellos erscheinende Mitvierziger. Und tatsächlich sind sie beide ehrgeizig, gewissenhaft und diszipliniert. Sie haben Kinder, Job und Hobbys perfekt organisiert. Sie sind sich einig. Gleich und gleich gesellt sich gern! Doch während Herr V. mich knapp und freundlich begrüßt, fragt mich Frau V. gleich, wie mein Urlaub war, und beginnt ein lebhaftes Gespräch. Ein Unterschied, mit dem sie auch in ihrer Partnerschaft leben. Frau V. möchte sich auseinandersetzen, alles besprechen, auch mal offen streiten. Herr V. sucht dagegen sachliche Lösungen, ruhige Gespräche und viel Zeit für sich. Ziehen sich doch eher Gegensätze an?

Der Paarforscher Professor Jürg Willi hat das Rätsel schon vor Jahren elegant gelöst: »Gegensätze vom Gleichen ziehen sich an«. Untersuchungen zeigen, dass wir als Partner vorrangig jemanden wählen, der uns ähnlich ist. In der sozialen Herkunft, den geistigen Interessen, dem kulturellem Geschmack und dem Differenzierungsniveau. Was bedeutet, dass er uns auch emotional darin ähnlich ist, wie gut er sich selbst reflektieren und seine Gefühle regulieren kann. Doch unter den

Ähnlichen ziehen uns eher die Gegensätzlichen an. Am Ehepaar V. ist das deutlich zu sehen. Sie stammen beide aus strengen Elternhäusern, in denen intellektuelle Leistung gefordert war. Doch bei ihr zu Hause wurde lautstark gestritten, und auch vor einer Ohrfeige war sie nie sicher. In seinem Elternhaus dagegen waren Gefühle verpönt. Selbstdisziplin wurde gefordert, und bestraft wurde er durch eisiges Schweigen.
Ein kontrollierter Partner wie Herr V. ist für Frau V. eine Wohltat. Mit ihm kann sie sich vor Angriffen sicher fühlen. Und eine lebendige Frau wie Frau V. ist ein Lebenselixier für Herrn V., weil sie ihn aus seiner Erstarrung befreit. Doch die andere Seite der Medaille ist, dass Gegensätzlichkeit auch Angst auslöst. Ihre Gefühlsausbrüche bedrohen seine Selbstkontrolle. Und seine Selbstkontrolle verunsichert sie zutiefst in ihrem Bemühen nach emotionalem Kontakt. Und irgendwann wächst das Gefühl, nicht gut zueinander zu passen.

Wir sind nicht ganz zufällig ein Paar. Unsere Ähnlichkeit verbindet uns. In Krisenzeiten können wir uns darauf besinnen. Und dann sogar wieder unsere Gegensätzlichkeit als bereichernde Ergänzung schätzen lernen. Der Sozialpsychologe Anatol Rapoport hat einen Satz formuliert, durch den wir das Beste daraus machen können, Gegensätze vom Gleichen zu sein:

»Wenn du eine positive Qualität in dir entdeckst, finde sie auch in deinem Partner. Wenn du eine negative Qualität in deinem Partner entdeckst, finde sie auch in dir.«

Wenn wir uns wegen unserer Gegensätzlichkeit voneinander zu entfremden drohen, dann geht es nicht darum, unseren Partner zu verändern, sondern unsere Sicht aufeinander. Um wieder wahrzunehmen, dass wir uns als Gegensätze vom Gleichen anziehen.

MACHT IST DIE VERMEIDUNG VON OHNMACHT

Tatjana hat den ganzen Tag vor ihrem Laptop verbracht. Home-Office. Sie ist froh, ihn endlich zuklappen zu können, als ihre Frau Ricarda heimkommt. Ricarda ist gestresst. Sie hatte einen Flug für ihren gemeinsamen Urlaub buchen wollen, und es hat nicht geklappt. Deshalb bittet sie Tatjana, sich um die Buchung zu kümmern. Tatjana, als IT-Frau, regelt die meisten Dinge im Netz für sie als Paar. Aber heute Abend möchte Tatjana einfach ihre Ruhe und mag nicht auch noch übernehmen, worum sich Ricarda kümmern wollte. Aber Ricarda gibt nicht auf. Sie ist unruhig und angespannt. Es dauere doch nicht lange. Sie könne sonst wieder nicht gut schlafen. Für Tatjana wäre es doch kein Problem. Tatjana gerät unter Druck und sagt jetzt lauter »Nein«. Und Ricarda reagiert mit wütender Enttäuschung.

Als sie ihren Streit in der Therapie beschreiben, sagt Ricarda: »Ich habe auf so einen Machtkampf keinen Bock.« »Meinst du, ich?«, erwidert Tatjana, »Du willst dich doch immer durchsetzen. Du willst doch immer genau bestimmen, wie ich mich verhalten soll. Und wenn es nicht genau so läuft, dann machst du Terror.« Ich greife schnell ein. »Und was, wenn es bei euch gar nicht um Macht, sondern vielmehr um Ohnmacht geht?«

Natürlich gibt es Machtkämpfe in einer Beziehung. Es gibt reale Machtverhältnisse. Ökonomische Abhängigkeiten. Mächtige Geheimnisse. Ungleiche Fähigkeiten. Und die Möglichkeit, sich zu verweigern. Aber meistens, wenn es sich wie ein Machtkampf anfühlt, versuchen wir Ohnmacht zu vermeiden. Denn niemand versucht ernsthaft, den anderen zu dominieren oder zu unterdrücken. Aber beide tun alles, um sich nicht ohnmächtig und ausgeliefert zu fühlen.

Typischerweise kämpfen Frauen eher dagegen an, im Stich gelassen zu werden. Und Männer wehren sich dagegen, sich dominiert zu fühlen. Nun, Männer und Frauen sind nicht auf die Rollen festgeschrieben. Aber dem einen geht es mehr um Bindung, dem anderen mehr um Autonomie. Ricarda möchte sich nicht ohnmächtig fühlen. Sie möchte sicher sein, Tatjana mit ihren Bedürfnissen erreichen zu können. Und Tatjana möchte unabhängig bleiben und sich nicht den Ansprüchen ihrer Partnerin beugen müssen.

Aber ist es in einem sich gegenseitig bedingenden Wechselspiel von Macht und Ohnmacht nicht völlig egal, ob wir das jetzt einen Macht- oder einen Ohnmachtskampf nennen? Nein, das ist es nicht. Der entscheidende Unterschied liegt darin, wie ich meinen Partner wahrnehme. Versucht er wirklich Macht über mich zu gewinnen, dann ist sein Verhalten gegen mich gerichtet. Ich tue recht daran, mich mit aller Macht zu wehren. Verstehe ich dagegen, dass er versucht, sich mir gegenüber nicht ohnmächtig zu fühlen, dann dient sein Verhalten ihm selbst. Er schützt sich. Wir können einander leichter besänftigen, wenn wir die Angst im anderen verstehen. Denn es geht meistens um die Angst davor, sich ohnmächtig und hilflos zu fühlen, wenn es sich wie ein Machtkampf anfühlt.

WAS PAARE ZUSAMMENBRINGT, BRINGT SIE AUCH WIEDER AUSEINANDER

Am Silvesterabend setzte sich Herr M. an den Küchentisch und dachte lange und ausführlich nach. Dann schrieb er Ziele für das neue Jahr auf und übergab die Liste an Monika, seine neue Lebenspartnerin. Und die war tief gerührt. Denn jeder einzelne der akribisch notierten Vorsätze war ausschließlich für sie bestimmt. »Damals«, so erinnert sie sich, »war ich begeistert. Ich hatte das Gefühl, dass sich endlich ein Mann wirklich für mich interessiert. Dass er das Beste für mich wollte.« Heute, nach zwanzig Jahren Ehe mit Herrn M., leidet sie darunter, sich nie wirklich verstanden zu fühlen. Ihr Mann glaubt immer noch zu wissen, was richtig für sie ist. Aber was sie damals als Fürsorge erlebte, empfindet sie jetzt als Bevormundung.

Enttäuschungen gehören genauso zur Liebe wie Glück. Das ist trivial. Dass aber ausgerechnet jene Eigenschaften des Partners, die ihn einst so attraktiv machten, letztlich unsere Liebe scheitern lassen, das ist ein ziemlich unerträglicher Gedanke.

Aber er ist wahr, weil wir in der Liebe unseren Gefühlen folgen. Selbst Traumpartner, die fette 90 Punkte auf unserer

Beziehungs-Checkliste erreichen, lassen uns gähnen, wenn der berühmte Funke nicht zündet. Wir wollen fühlen, wollen ergriffen und berührt sein.

So tief es nur geht. Am tiefsten sind wir berührt, wenn in uns angesprochen wird, was uns am wichtigsten ist. Und das sind unsere, zumeist unbewussten, unerfüllten Sehnsüchte und Bedürfnisse. Dann durchströmen uns romantische Gefühle. Und wir sind sicher, den Menschen getroffen zu haben, der alle unsere Träume wahr werden lässt.

Wenn wir als Kind, wie Monika, Halt und Beständigkeit vermisst haben, dann entflammen wir leicht für jemanden, der unbeirrt wie ein Fels in der Lebensbrandung steht. Doch ein Fels ist nicht besonders mitfühlend. Und wir stellen dann bald fest, dass er unseren Wunsch nach Halt gar nicht versteht. Weil er nur ein Fels ist, um seine eigenen, unerfüllten Wünsche nach Halt nicht spüren zu müssen.

Verliebtheit führt nicht zu Mr. Richtig. Sie führt zu Mr. Wichtig. Dorthin, wo sich unsere Psyche Lösungen verspricht. Die Lösung kennen wir nicht, aber die vertrauten Konflikte aus unseren Ursprungsfamilien erkennen wir wieder. Deshalb haben wir alle die Freundin, die immer wieder zielgenau die gleich falschen Männer wählt. Deshalb enden Töchter von Alkoholikern häufig als Partnerinnen von Alkoholikern. Und Töchter, denen der Vater fehlte, binden sich an Vaterfiguren. Eine riesige Herausforderung. Aber auch eine große Chance. Amerikanische Paartherapeuten wie Harville Hendrix betonen gerne die positive Seite daran. Nämlich dass wir immer genau den Partner finden, den wir brauchen, um uns zu entwickeln.

Doch wenn wir uns nicht gemeinsam entwickeln, dann wird das, was uns zusammengebracht hat, zum Trennungsgrund. Was witzig und unterhaltsam war, wirkt dann peinlich. Aus Spontaneität wird mangelnde Verantwortung. Der Zielorientierte wird in unseren Augen zum Workaholic. In der Unabhängigkeit entdecken wir Lieblosigkeit.

Wieso habe ich mich so zu dir hingezogen gefühlt? Und was ist heute daraus geworden? Wenn wir uns dem stellen, was diese Diskrepanz über uns und unsere Wünsche und Ängste sagt, dann kann das, was uns zusammengebracht hat, uns weiter zusammenführen.

II

BINDUNG

Worum es uns wirklich geht

»Bindung, so nennen die Psychologen Liebe«, korrigierte eine Redakteurin etwas forsch in mein Manuskript hinein. Ich überlegte, ob ich es einfach so stehen lassen sollte. Denn einerseits hatte sie ja Recht, Bindung ist Liebe. Aber andererseits besitzt die Liebe viele Gestalten. Und ist weit mehr als nur Bindung. Ich bestand also darauf, den Satz wieder zu streichen. Und verbrachte dann einige Zeit damit, meiner Redakteurin am Telefon die Bindungstheorie zu erklären. Worauf sie nochmals zart rückfragte, ob wir den Satz dann nicht vielleicht doch drinlassen könnten …

Bindung ist eng mit Liebe verwoben. Doch während wir die Liebe bisher lieber den Dichtern überlassen haben, befindet sich das, was wir Bindung nennen, fest in den Händen der psychologischen Forschung.

Wir sind Bindungswesen. Ganz ohne Zweifel. Wenn wir uns als Menschen nicht zu wichtig nehmen, dann sind wir mittelgroße Affen, ohne gefährliche Zähne oder Klauen, die völlig hilflos zur Welt kommen und in Gruppen leben, um zu überleben. Wir sind keine Einzelgänger. Wir durchstreifen nicht wie einsam jagende Jaguare die Wälder. Wir sitzen schnatternd auf dem Marktplatz und halten uns dabei an tausend ungeschriebene und ein paar geschriebene Regeln, die das Zusammenleben ermöglichen. Wir hauen einander nicht sofort auf die Nase, wenn wir ärgerlich werden. Wir latschen nicht über das Krokusbeet, dass der Stadtgärtner mit seinem Verbotsschild schützt. Dabei sollten sich weder Nasen noch Krokusse zu sehr darauf verlassen.

Wie würden Sie die Frage beantworten: »Was sind unsere absolut lebenswichtigen Grundbedürfnisse?« Und wir lassen mal die Antwort »Smartphone« außen vor. Vermutlich würden sie Essen und Trinken nennen. Und nach einiger Überlegung Sex oder Atmen hinzufügen. Aber es gibt ganz eindeutig eine Phase in unserem Leben, da ist unser wichtigstes Bedürfnis Bindung. In unseren ersten Lebensjahren sind wir darauf angewiesen, dass jemand für uns da ist. Und zwar nicht gelegentlich und nur dann, wenn er gerade mal Bock darauf hat, sondern immer, 24 Stunden am Tag, jeden Tag, für Wochen, Monate, Jahre. Ohne diese besonderen Personen wären wir schnell verloren. Diese besonderen Personen, wir nennen sie Eltern, müssen dafür sorgen, dass wir am Busen nuckeln können und Brei aus dem Gläschen bekommen. Und wir brauchen ihre ganze Zuwendung und Liebe, um langsam unsere Psyche aufzubauen und ein lebensfähiges Mitglied der beschützenden Gemeinschaft zu werden. Wir brauchen ein ganzes Jahr, um uns mühsam am Couchtisch hochziehen zu können. Und von den Chips, die wir dort finden, verdursten wir eher. Und wir brauchen noch viel länger, bevor wir sprechen können und nicht nur Mama versteht, dass »Teti« Tante Petra ist.

Es muss also etwas geben, was Mama und Papa, und wenn es gut geht, auch noch Oma und die großen Geschwister dazu zu bringen, für uns da zu sein. Ihr Leben wäre schließlich einfacher ohne uns quakendes Bündel. Shoppen wäre weitaus entspannter. Und früher, so können wir vermuten, wäre das Leben ebenfalls weit sorgloser gewesen, wenn Babys Gebrüll keine unfreundlichen Säbelzahntiger angelockt hätte. Angesichts der Mühen, die wir als Baby und Kleinkind bereiten, muss es eine gewaltige, mächtige Kraft sein, die unsere Bezugspersonen so unumstößlich an uns bindet. Diese Kraft ist tief in unsere Biologie eingeschrieben – und die nennt die Psychologie Bindung.

Wir wissen, dass Bindung kein einseitiger Prozess ist. Wir

erleben und beobachten es. Menschliche Winzlinge brüllen aus Leibeskräften, sobald Mama sich nur einen Kaffee aus der Küche holt. Weil sie sofort ihre sichere Bindung vermissen. Durch Videoaufnahmen von frühen Mutter-Kind-Interaktionen wissen wir, dass Neugeborene vom ersten Atemzug an mit der Mutter kommunizieren. Sie bauen aktiv Bindung auf.

Bindung bedeutet, den anderen erreichen zu können. Darum bemühen sich bereits Babys. Und Eltern ohnehin. Ja, es schlummert in jedem von uns. Kaum beugen wir uns über einen Kinderwagen und schon brabbeln wir in einem Singsang immer wieder die gleichen Silben und versuchen, mit dem kleinen Wesen hinter dem großen Schnuller Kontakt zu machen. Eine Verbindung herzustellen.

Je älter Kinder werden, je mehr sie sich entwickeln, je komplexer und differenzierter ihre Psyche wird, umso mehr sind sie für das Gefühl einer guten Bindung auf das Einfühlungsvermögen ihrer Umwelt angewiesen. In den ersten Monaten lernen Mama und Papa zu verstehen, was Babys Weinen gerade bedeutet. Hunger, Zähne, Pupsen, Windel voll? Aber auch bereits dann nimmt eine zugewandte Mutter die Gefühle ihres Kindes auf, spiegelt sie, verstärkt sie, begleitet sie. Wenn Mama einfühlsam reagiert, dann fühlen sich Kleinkinder sicher und verbunden, sie fühlen sich »sicher gebunden«. Im Internet gibt es das beeindruckende Video des Psychologen Edward Tronick < youtube / Edward Tronick / Still Face Experiment >. Er bittet Mütter, für ein paar Minuten nicht mehr mit ihrem Kind zu spielen, sondern direkt vor dem Kind sitzen zu bleiben, nicht mehr zu reagieren und das Gesicht ganz ausdruckslos und völlig unbewegt zu halten. Schon nach wenigen Augenblicken wird das Kind unruhig, protestiert, weint, es verzweifelt. Als Beobachter sind wir froh, wenn die

Mutter wieder lächelt, und die Mimik des Kindes wieder mit ihrer eigenen begleitet. Genau wie ihr Kind sind wir erleichtert, wenn sie die Bindung wieder aufnimmt.

Unsere Bindungserfahrungen aus der Kindheit prägen uns. Wir entwickeln daraus ein inneres Modell über Beziehungen. Eine unbewusste Anleitung, in der steht: So geht Beziehung. Dieses unbewusste Modell sagt uns, was wir von einer Beziehung erwarten können und was nicht. Es sagt uns auch, wie wichtig wir andere überhaupt für uns werden lassen. Ob wir Beziehungen vertrauen und welche Bedeutung wir diesem unbestimmten Erleben »Liebe« geben können. Oder ob es nicht besser ist, gleich zum Lonesome Cowboy zu werden und uns nur noch auf uns selbst zu verlassen.

Wenn wir einfühlsame, zuverlässige Eltern hatten, dann vertrauen wir unserem Partner. Wir gehen selbstverständlich davon aus, dass er uns verstehen kann und unterstützen wird, wenn wir es brauchen. Wenn wir uns als Kind abgelehnt fühlten oder nur für unsere Leistungen geschätzt wurden, dann halten wir unseren Partner auf Distanz und lassen ihn nicht wirklich wichtig für uns werden. Was wir von ihm erwarten, behalten wir für uns. Und wenn unsere Eltern wechselhaft auf uns reagierten, und es ihnen schwerfiel, uns richtig zu verstehen, dann neigen wir dazu, in Beziehungen ängstlich zu klammern, endlos Liebesbeweise zu fordern und mit heftigen Gefühlen zu reagieren. Je sicherer wir uns mit und durch unsere Eltern gefühlt haben, je besser wir beschützt, verstanden und unterstützt wurden, umso besser verstehen wir uns selbst und andere. Um so leichter fällt es uns, befriedigende Beziehungen zu leben. Und umso weniger sind wir ständig damit beschäftigt, ob wir auch tatsächlich geliebt werden.

Dass uns unsere Kindheitserfahrungen prägen, hatte ja

schon ein Jahrhundert Zeit, bei uns anzukommen. Vielen Dank dafür, Herr Freud! Dass wir aber als Erwachsene emotional abhängig von unseren wichtigen anderen bleiben, das müssen wir erst einmal verdauen. Bisher haben wir Erwachsenwerden anders verstanden. Es ging darum, aus allen Abhängigkeiten herauszuwachsen und uns in ein völlig unabhängiges, selbstbestimmtes Wesen zu verwandeln. Ein reifer Erwachsener sollte jemand sein, der niemanden braucht, um seine Bedürfnisse zu befriedigen. Der eigenständig ist, selbst für das sorgt, was er braucht, und auf niemanden angewiesen ist, um sich gut zu fühlen. Souverän. »Liebe dich selbst und es ist egal, wen du heiratest«. Das war die Partnerschafts-Parole. Und an sie glauben ja immer noch viele Menschen. Obwohl sich dabei natürlich die Frage stellt, wieso wir uns dann überhaupt noch an jemanden fest binden sollten. Wenn wir den anderen gar nicht brauchen, wieso halsen wir uns dann jemand auf, der irgendwann fürchterlich schnarcht und uns vorwirft, dass wir dem Kellner zu viel Trinkgeld geben?

Bindungsforscher und Neuropsychologen haben darauf eine Antwort gefunden: Unser Gehirn ist ein soziales Organ. Und unsere Psyche strebt nicht nach Selbstverwirklichung, sondern nach guten, sicheren Beziehungen. Unser Gehirn geht davon aus, dass wir nicht allein, sondern mit anderen zusammen sind. Es gibt Untersuchungen, die darauf hinweisen, dass unser Gehirn seinen emotionalen Normalzustand nicht dann hat, wenn wir allein sind, sondern wenn wichtige andere anwesend sind. Wir sind keine Inseln. Alleinsein ist nicht unsere biologische Norm. Unsere Bindungsbedürfnisse hören nicht einfach auf, weil wir das Abitur in der Tasche haben. Unsere seelische Stabilität bekommen wir nicht durch intensive Nabelschau, sondern durch erfüllende, sichere Beziehungen. Die wichtigste Beziehung ist aber dieser Mensch, der jeden Morgen seine Hausschuhe sucht und mit dem wir unser Leben teilen.

Um aber die Bedeutung von Bindung wirklich an uns heranzulassen, musste der Neurowissenschaftler Jim Coan erst einige Frauen in einen Kernspintomographen schieben und sie mit leichten Stromstößen bedrohen. Dabei konnte er beobachten, wie die emotionalen Zentren ihrer Gehirne in Aufruhr gerieten. Fügte er jedoch ein wenig mitmenschliche Nähe hinzu, indem er einen Fremden die Hand der Frauen halten ließ, beruhigten sie sich schon etwas. Und wenn er den Ehemann die Hand seiner Frau halten ließ, dann war kein Aufruhr mehr in den Gehirnen zu beobachten. Liebe heilt. John Gottman, der Godfather der Paarforschung, hat dazu die Forschung ausgewertet und so zusammengefasst: »Die Botschaft ist klar: Eine glückliche Beziehung ist gut für unsere Gesundheit.« Er fügt dann aber auch hinzu: »Eine Beziehung mit mangelndem Vertrauen kann tödlich sein.« Was auch Jim Coan in seinen Untersuchungen betätigt sah. Es kam natürlich niemand ums Leben. Aber wenn die Ehe schwer belastet war, dann half die Hand des Ehemanns nicht. In einer unglücklichen Ehe blieben die Frauen in innerem Aufruhr.

Erstaunlich ist das nicht. Erstaunlich ist eher, dass wir den Wald vor lauter Bäumen nicht gesehen haben. Ja, wir heulen nicht mehr sofort los, wenn unser Liebster für ein paar Stunden ins Fußballstadion verschwindet. Aber wir heulen uns monatelang die Augen aus, wenn eine große oder kleinere Liebe zu Ende gegangen ist. Falls unsere beste Freundin gerade nicht so gut aussieht wie sie eigentlich aussieht, aber keine Grippe hat, was vermuten wir sofort? Liebeskummer! Wir wissen, wie sehr es uns mitnimmt, wenn unsere Liebesbeziehungen kriseln. Die größten psychischen Erdbeben erleben wir durch Beziehungen. Wenn eine Bindung beginnt. Und wenn eine Bindung endet. Offenbar betreibt die Natur den größten Aufwand, um uns in Beziehungen hineinzubringen und möglichst nicht wieder hinauszulassen. Erleben wir etwas Schöneres, als uns total zu verlieben? Und Krankheit und entsetzliche Schmerzen einmal ausgenommen, etwas Schrecklicheres, als uns zu trennen? Treibt uns nicht der Wunsch nach romantischen Gefühlen durchs Leben? Und kennen wir außer dem Tod, der ja auch ein Abschied ist, eine größere Angst, als unsere Verlustangst?

Vermutlich wissen Sie nicht immer genau, wie viel Geld Sie auf der Bank haben. Oder wie hoch Ihr Blutdruck gerade ist. Und falls Sie nicht mit drei Monatsmieten im Rückstand sind, ist das auch nicht nötig. Unser Blutdruck interessiert uns erst, wenn er dabei ist, durch die Decke zu gehen. Aber wenn Sie gefragt werden, wie ihre Beziehung gerade läuft, dann hätten Sie eine Antwort. Vielleicht keine Erklärung. Aber wie gut, nah, aufgehoben, verstanden, zugewandt wir uns in unserer Beziehung fühlen, das spüren wir immer. Der aktuelle Kurs unserer Beziehungsaktien läuft ständig aktualisiert über unserer psychischen Live-Ticker. Unser Beziehungsgefühl ist uns immer gegenwärtig. Wir können es jederzeit abrufen. Ganz offenbar ist es von gigantischer Bedeutung für uns zu wissen, wie gut und sicher wir gebunden sind.

Bindung ist auch für uns Erwachsene das wichtigste psychische Bedürfnis. Zumindest für das Leben in unseren Liebesbeziehungen können wir davon ausgehen. Das bedeutet nun nicht, dass uns unser Liebster jeden Abend auf den Schoß nehmen und »Was bist du nur für eine Süße!« ausrufen sollte. Obwohl das manchmal nicht die allerschlechteste Maßnahme wäre. Es bedeutet aber, dass es in unserer Paarbeziehung immer darum geht, die nahe und sichere Bindung aneinander zu erhalten. Nah, weil wir uns geborgen und aufgehoben fühlen, wenn wir vertrauen können und einfühlsam auf uns reagiert wird. Sicher, weil uns das vor der Angst, verlassen zu werden, schützt.

Wenn wir verstehen wollen, was wir in unseren Liebesbeziehungen treiben, dann müssen wir verstehen, was uns dort antreibt. Unsere alltäglichen Reaktionen, unser gesamtes Verhalten gegenüber dem Partner, wird entscheidend von unserem ständigen Bemühen um eine gute Bindung bestimmt. Die Frage, um die sich alles dreht, heißt: »Bist du für mich da?« Es ist eine existentielle Frage. Denn schließlich ist für uns mittelgroße Affen die Welt besonders bedrohlich. Wir wissen, dass wir sterben können und werden. Und weil uns niemand den Sinn unseres Daseins verraten hat, leben wir in ständiger Ungewissheit. Wir brauchen die wichtigen anderen, allen voran unseren Partner, um uns auf diesem Planeten aufgehoben zu fühlen.

Forschungsergebnisse belegen zunehmend, wie stark und auf welche Weise unser Organismus auf Bindung ausgerichtet ist. Bindung ist nach dem Neurobiologen Professor Gerhard Roth eines unserer psychoneuronalen Grundsysteme. Für unsere Bindungsgefühle und Trennungsängste existieren eigene neuronale Netzwerke. Wenn unsere Bindung bedroht ist, reagieren wir mit emotionalen Schmerzen, bei denen dieselben Areale unseres Gehirns aktiv sind wie bei körperlichen Schmerzen, wie die Neurowissenschaftlerin Naomi Eisenberger feststellte. Wir besitzen Spiegelneuronen, die uns helfen, das Erleben anderer nachzuempfinden. Durch unsere Blutbahn rauschen Bindungshormone wie Oxytocin und Vasopressin, die nahe Bindung herstellen und festigen. Endogene Opioide regulieren und stabilisieren unser Bindungsverhalten. Es gibt Untersuchungen, nach denen in emotionalen Augenblicken unsere Gehirne in einer neuronalen Kopplung im Gleichklang arbeiten. Und die Untersuchungen zur Polyvagal-Theorie des Neurowissenschaftlers Stephen Porges bilden einen neuen Hintergrund für unser Bindungsverhalten. In der Schule haben wir gelernt, dass unser autonomes Nervensystem aus zwei Anteilen besteht. Dem beruhigenden Parasympathikus und dem aktivierenden Sympathikus. Nach Stephen Porges' Forschungen existieren aber drei Systeme, weil sich der Vagus-Nerv bei Säugetieren aufgespalten hat. Der neuere Zweig des Vagus reguliert Flucht und Kampfreaktionen im Dienste sozialer Bezüge. Er reguliert Herz und Atmung und ist mit der Muskulatur des Gesichts und des Kopfes verbunden. Wir erkennen an Augen, Gesichtsausdruck und Stimme, ob wir mit dem anderen sicher sind. Und darüber beruhigen sich Herzschlag und Atemfrequenz. Sobald sich jemand abwendet und den Kontakt abbricht, geht diese Beruhigung verloren und wir bereiten uns innerlich auf eine mögliche Kampf- oder Fluchtreaktion vor.

Die Frage, ob der andere für uns da ist, bestimmt unser gesamtes Beziehungsverhalten. Und führt dazu, dass wir immer darauf achten, ob wir den anderen erreichen. Sobald er sich innerlich abwendet, könnte er nicht mehr für uns da sein, wenn wir ihn brauchen. Seitdem Steve Jobs mit der Bemerkung: »Ach, ich hab da noch was« das Smartphone unentbehrlich gemacht hat, leben wir unser Bindungsverhalten in den Kommunikationsnetzen nach.

Solange wir alle erreichen können, ist alles gut. Die meisten gesendeten Nachrichten sind ja nicht wirklich existentiell.

»Bin in drei Minuten da!« »Steige gerade in die Bahn.« Bildchen von unserem leckeren Mittagessen oder Selfies vor dem Eiffelturm. Solange Messages fließen, ist alles okay. Das Einzige, worauf wir wirklich reagieren, ist keine Verbindung zu haben. »Versuche dich zu erreichen! Ist dein Handy kaputt? Alles in Ordnung? Bitte schalte unbedingt dein Phone wieder an!!«

Wir können uns streiten, aber schlimm wird es nur, wenn wir Angst bekommen, dass sich unser Partner von uns zurückziehen könnte. Wir können lange weit entfernt voneinander leben, aber schlimm wird es, wenn wir fürchten, dass wir darüber die Zuwendung verlieren. Was jeden Kuss, jede Entscheidung, jeden Blick, jedes »Gute Nacht!« und die Wahl des Fernsehprogramms in unserer Liebesbeziehung mitbestimmt, ist unser Gefühl für Bindung. Bist du für mich da und fühlst du mit mir? Wenn Erwachsene sich sicher gebunden fühlen, dann nennen sie auch das Liebe.

BEZIEHUNGEN HEILEN

Rabea und Peter waren gemeinsam im Theater. Und anschließend fragte Rabea, ob ihm das Stück gefallen habe. Peter hatte es eher kaltgelassen. Aber weil Rabea begeistert wirkte, wurde Peter unsicher. Vielleicht hatte er es nicht richtig verstanden? Da er vor Rabea nicht dumm dastehen wollte, nuschelte er irgendwas von »Ach, ging so« und sah dann schweigend aus dem Autofenster. Keine Reaktion zu bekommen, ärgerte Rabea. Und statt noch wie verabredet beim Italiener einen Rotwein zu trinken, steuerte sie das Auto wütend nach Hause.

Als wir über diese Situation sprechen, ist Peter zerknirscht. Diese Situationen sind ein Dauerthema bei ihnen. Er verzieht sich in sein Schneckenhaus. Und Rabea steht dann hilflos und wütend davor. Peter meint, er werde wohl besser noch mal eine Therapie machen, um an seinen Minderwertigkeitsgefühlen zu arbeiten. Ich mache ihm einen anderen Vorschlag. Ich schlage ihm vor, die Beziehung als den Ort der Veränderung zu verstehen. Und statt noch weiter aus der Beziehung herauszugehen, um in einem Therapieraum endlich der Mann zu werden, der er meint, sein zu müssen, gleich in der Beziehung zu bleiben, und der Mann zu werden, der er ist.

Eine Beziehung ist die beste Heilerin, die wir kennen. Sonst würden Psychotherapien nicht wirken und ärztliche Gespräche nicht helfen.

Wir wissen um die positiven Auswirkungen, die Beziehungen auf unsere Gesundheit und unsere Heilungsprozesse haben. Und wir wissen auch, dass wir durch positive Beziehungserfahrungen sogar unsere ursprünglichen Bindungsmuster verändern können. Doch so wichtige, manchmal lebensverändernde, Erfahrungen werden wir nur machen, wenn wir unsere Beziehung nutzen.

Peter hätte es gekonnt. Statt stumm auf die Fahrbahn zu schauen, hätte er sagen können, dass er gerade wieder genau das Gefühl bekommt, das er kennt. Dass er sich sorge, Rabea würde etwas Großartigeres von ihm erwarten. Darüber hat er mit Rabea schon einige Male gesprochen. Es wäre keine Enthüllung gewesen. Aber er fühlte Scham. Und genau dieses Gefühl gegenüber Rabea zu äußern, würde die Möglichkeit schaffen, dass die Beziehung heilen kann. Unsere Beziehungen heilen uns, wenn wir erleben, dass unsere Partner uns annehmen.

Unser Partner kennt unsere Schwächen längst. Aber wir sind, wie Peter, zu sehr damit beschäftigt, unsere Probleme selbst lösen zu wollen. Wir wollen anders, besser sein. Angstfreier, souveräner, verständnisvoller. Wir haben Angst, unserem Liebsten nicht zu genügen, nicht gut genug für ihn zu sein. Doch statt zu versuchen, diese Ängste alleine zu lösen, können wir sie teilen, wenn wir sie in der Gegenwart des Partner erleben. Das ist der Königsweg. Er ist nicht einfach. Er ist intim. Er ist unsere Chance.

Die Liebe macht einen guten Job, wenn wir ihr erlauben, tätig zu werden. Beziehungen werden intimer, geborgener, wenn wir die Ängste teilen, die wir voreinander haben. Wenn wir in die Beziehung hineingehen. Dort kann die Heilung liegen.

WER NUR ABWEHRT, LIEBT VERKEHRT

Frau B. atmet zweimal tief durch: »Mann, ich bin total unzufrieden damit, wie unser Leben gerade läuft. Wir arbeiten und dann hängen wir zu Hause rum. Und dann arbeiten wir wieder. Es ist total langweilig. Wir machen gar nichts mehr. Und leben einfach so nebeneinander her. So will ich einfach nicht leben. Und du weißt das, aber du machst nichts.« »Aber«, sagt Herr B. sofort, »letztes Wochenende hatten wir doch Besuch!« »Ja, deine Eltern!« »Und ich war auch einfach müde letzte Woche. Der neue Auftrag schlaucht ganz schön.« »Du hast immer neue Aufträge«, kontert sie. Und so geht das Gespräch weiter. Er sei ja gestern Abend gar nicht am PC gewesen. (»Dafür an jedem anderen Abend.«) Er habe doch angeregt, Karten für das Jazzfestival zu besorgen. (»Aber wenn ich sie nicht besorgt hätte, wäre nix passiert!«) Er ginge doch auch gerne ins Kino. (»Nur offenbar mit mir nicht.«)

Die B.'s sind Mrs. Extrovertiert und Mr. Introvertiert. Sie geht gerne aus, möchte Spielnachmittage mit Freunden verabreden, zum Essen einladen, feiern und reden. Er guckt lieber amerikanische Endlos-Serien, kocht mit ihr oder verschwindet in seinem Zimmer zu »Civilization«. Sie wissen um ihre Unterschiedlichkeit. Meistens gehen sie gut damit um.

Aber irgendwann hat Frau B. das Gefühl, dass sich ihr Mann nur noch zurückzieht, und sie bekommen Streit.

Denn Herr B. wehrt sich dann. Im Grunde versteht er ihre Klagen. Aber er möchte vor ihr gut dastehen. Er hat Angst, sie könnte sich enttäuscht von ihm abwenden. Und deshalb verteidigt er sich und versucht zu beweisen, dass er doch gar nicht so schrecklich ist, wie sie ihn erlebt. Ein häufiges Muster in Paarbeziehungen. Die unerfüllten Wünsche und der Frust des Partners bedrohen den Angesprochenen. Und wie ein Angeklagter beginnt er alles zu seiner Entlastung aufzuzählen. Was der Partner dann als Ausflucht und Abwehr erlebt und zudem so, als hätte seine Unzufriedenheit keine Berechtigung. Je mehr sich der eine wehrt, desto mehr drängt der andere darauf, gehört zu werden. Und es entsteht ein zunehmend sich verhärtender Konflikt.

Die Lösung liegt darin, sich zu öffnen, statt sich zu wehren. Solange wir nur entschuldigend auf unsere »guten Taten« hinweisen, damit uns der Liebste nicht so negativ sieht, bleiben wir verschlossen. Wenn wir aber darüber sprechen, was in uns vorgeht und vorgegangen ist, dann kann uns der Partner sehen und verstehen. Und nur so erfährt er, dass uns sein Anliegen nicht gleichgültig ist. Herr B. könnte schildern, was er erlebt, wenn sie Gäste einladen will. Wie fühlt er sich zwischen seiner Schüchternheit und ihren Bedürfnissen nach Geselligkeit? Hat es ihn beschäftigt? Macht es ihn jetzt unsicher? Der Weg, heißt es, ist das Ziel. Wer in Konflikten seine inneren Wege beschreibt, ist am Ziel. Wer den Mut hat, seine Betroffenheit, seine Zweifel, gar seine Hilflosigkeit zu zeigen, schafft Verbindung. Sich verletzlich zu zeigen, heilt. Wer sich nur wehrt, liebt verkehrt. Sich nur zu verteidigen schadet.

1 + 1 = 1

Herr D. hat eine fette Beule am Kopf, blaugrün und etwas schorfig. Ein kleiner Promille-Unfall. »Naja«, sagt er, »keine Glanzleistung, aber kann ja mal passieren.« »Es passiert aber viel zu oft!« Frau D. sitzt kerzengerade da. »Ich bin vorher noch nie gegen die Terrassentür gelaufen!«, sagt Herr D., aber sein müder Scherz kommt nicht gut an. »Du weißt genau, was ich meine! Du trinkst doch fast jeden Abend.« »Naja, so stimmt das nun auch wieder nicht. Und außerdem muss es dich ja nicht stören.« Frau D. schaut mich hilfesuchend an. »Sie möchten Ihrem Mann sagen, dass sich auch Ihr Abend verändert, wenn er abends trinkt?«, beginne ich.

Ich bin vorsichtig, denn das Paar beginnt gerade, sich mit einem heiklen Thema auseinander zu setzen: Abhängigkeit. Wobei ich weniger an Herrn D.'s mögliche Abhängigkeit vom Alkohol denke, sondern an die zweier Liebespartner voneinander. In der Liebe ist eins plus eins nicht zwei, sondern eins. Und das widerspricht unserer Vorstellung von Autonomie und Unabhängigkeit. Und ist nicht leicht anzunehmen.

Tatsächlich beeinflusst uns niemand mehr als unser Liebespartner. Schon mit jedem Kuss passen wir unsere Immunsysteme aneinander an. Und sobald unser Partner die Grippe hat, bekommen wir sie auch. Doch selbst wenn wir uns nicht anstecken, verändert sich unser Leben. Er kann nicht mit uns ausgehen, und wir müssen übernehmen, was er nicht erledigen kann. Ob der Partner krank, schlecht drauf, depressiv oder süchtig ist – es verändert unser Leben.

Unsere abgegrenzte Individualität ist eine Illusion. Wir sind als Paar weitaus mehr ein Körper und eine Psyche, als wir uns das eingestehen. Unsere Partnerschaft ist eine Mikrokultur, die uns tief prägt. Und es ist durchaus sinnvoll, eine Beziehung als ein Wesen, einen Organismus zu betrachten. Langjährige Partner beginnen einander wirklich ähnlicher zu sehen. Vermutlich, weil sie immer wieder die Gefühle des anderen spiegeln. Deine Gefühle sind meine Gefühle, und dein Stress ist auch mein Stress. Denn unser eigener Kortisol-Spiegel steigt, sobald wir andere Menschen unter Stress beobachten. Und am stärksten reagieren wir dabei auf unseren Partner. Arbeitslosigkeit beeinträchtigt zum Beispiel die psychische Gesundheit des Lebenspartners nahezu genauso stark wie die des Arbeitslosen selbst.

In der bereits beschriebenen Untersuchung von Jim Coan wurde deutlich, wie stark Partner selbst die Physiologie des anderen beeinflussen. In Anwesenheit des Partners wurden zuvor erlebte Schmerzen nicht mehr gespürt. Wenn wir möchten, dass sich unser Partner gesund ernährt, mit seinem Dauerhusten endlich zum Arzt geht und den Streit mit seiner Schwester beilegt, der ihn so belastet, dann mischen wir uns nicht unzulässig ein. Wir vertreten unser ureigenes Interesse.

Es ist wohl kein Zufall, dass wir einander gerne »Baby« nennen. Sind wir doch ähnlich untrennbar miteinander verbunden wie Mutter und Baby. In der Liebe herrscht eine andere Logik als in der Mathematik. In der Liebe ist 1 + 1 = 1.

ANGRIFF IST DER WUNSCH NACH NÄHE

Giorgio hält es nicht mehr aus. Wortlos verlässt er die Wohnung. Im Treppenhaus hört er Lea brüllen, dass er gar nicht wiederzukommen brauche, wenn er jetzt gehe. Giorgio flieht, er weiß das. Aber er weiß sich nicht anders zu helfen. Immer wieder flippt Lea bei der kleinsten Kleinigkeit aus. Immer wieder dieselben Vorwürfe. Er stelle sich immer auf die Seite ihrer Tochter, nie würde er sie verstehen, nie sei er da, wenn sie ihn brauche. An ihr hinge das ganze Familienleben, um nichts kümmere er sich, sie sei ihm doch völlig gleichgültig. Dann weint sie. Manchmal kann er sie beruhigen. Aber meistens gehen sie stillschweigend über diese »Ausraster«, wie er Leas Verhalten nennt, hinweg. Und verhalten sich am nächsten Tag, als sei nichts geschehen. Er liebt Lea. Aber er fragt sich, ob er mit einer so unkontrolliert aggressiven Frau wie Lea weiter leben will. Er steht auf der Straße, sein Herz rast. Vielleicht hat sie sich beruhigt, wenn er zurückkommt. Aber für wie lange?

Szenen einer Ehe, in denen die Konflikte durch die Decke gehen. Irgendwann wird die Persönlichkeit des anderen in Frage gestellt. Aber das Problem sind nicht persönliche Charaktereigenschaften. Es sind die Rollen und Positionen, die im Paar entstanden sind. Es ist schwer für Partner, die Dynamik zu verstehen, die zwischen ihnen abläuft, das Verhaltensmuster zu erkennen, dass sie gefangenhält. Wir wissen zwar, dass die Beziehung das ist, was zwischen uns abläuft, aber wir tun uns immer wieder schwer damit anzuerkennen, welche enorme Macht solche Prozesse über uns haben.

In Paaren wird ein Partner immer mehr zum Angreifer, hier ist das Lea, und der andere zieht sich immer stärker zurück, wie Giorgio. Das Muster entsteht, weil ein Partner eher allein mit den Kränkungen zurechtzukommen versucht, während der andere aktiv seinen Partner für sein Anliegen erreichen will. Das geht nicht gut zusammen. Und so fordert Lea immer vehementer, während Giorgio genau dann versucht, die Situation dadurch zu beruhigen, dass er sich entfernt und die Dinge mit sich selbst ausmacht. Weil er ja fürchtet, dass es zwischen ihnen kracht, wird er immer vorsichtiger sein, irgendetwas anzusprechen. Was Lea dann so erlebt, dass er sich noch mehr aus der Beziehung zurückzieht. Und wogegen sie noch wütender protestiert, in dem sie ihn kritisiert. Dadurch fühlt er sich noch mehr ungeliebt, vergräbt sich noch mehr in sich selbst. Der Konflikt steigert sich mehr und mehr.

Wenn Streitigkeiten eskalieren, wenn man sich ständig nur noch gegeneinander wendet, wenn der Partner sich allmählich wie ein Gegner anfühlt, dann lohnt es sich innezuhalten und gemeinsam einen Blick auf das Muster der Beziehung zu werfen.

Auch Angreifer wie Lea fragen sich, wieso sie so unglaublich wütend werden, wie sie es sonst nicht von sich kennen. Sie möchte wirklich, dass er auch mal dafür sorgt, dass die Tochter ihr Zimmer aufräumt und abends nicht am PC verschwindet. Aber im Grunde kämpft sie darum, sich nicht alleingelassen zu fühlen.

Hinter den wütendsten Attacken steht der verzweifeltste Wunsch nach Nähe. Es ist nicht leicht zu fühlen, aber gut zu wissen.

TRENNEN VERBINDET

Abstrakte Kunst ist ihm ein Gräuel. Aber dann ist er doch wieder mit ihr auf eine Vernissage gegangen. Und sie war wieder wütend auf ihn: »Alle 5 Minuten hast du auf die Uhr geguckt. Und ständig gegähnt, es war furchtbar.« Sie sind dann bald gegangen. Früher, als sie es gewollt hatte. »Und wieso sind Sie dann nicht noch ohne ihn geblieben?« frage ich Nancy. »Ach, dann ist er doch beleidigt«, verdreht sie die Augen. Andy und Nancy sind dauergenervt miteinander. Andy fühlt sich ständig kritisiert. Er könne es ihr nie recht machen und immer wolle sie ihre Vorstellungen durchsetzen. Und Nancy nervt, dass er sich so anstelle und sie sich nie ganz auf ihn verlassen könne. Überall das gleiche Muster. Er richtet ihren PC ein, besorgt ihr ein Handy, erstellt eine Power-Point-Präsentation für sie. Das Handy ist dann unhandlich, die Präsentation fehlerhaft. »Wie oft muss es denn noch Stress zwischen Ihnen geben, bevor Sie Ihren Job als ihr IT-Sklave niederlegen?«, frage ich Andy. Er guckt irritiert. »Sie fragt mich doch immer, ob ich ihr helfe«, sagt er. »Vielleicht müssen Sie sich ein wenig mehr trennen, wenn Sie nicht bald ganz getrennt sein wollen?«, sage ich.

Manche Paare trennen sich am Ende und beenden ihre Beziehung, weil sie sich nicht voneinander abgrenzen konnten.

Weil es ihnen nicht gelungen ist, sich innerhalb ihrer Beziehung voneinander zu trennen. Sobald die Kuschelzeit der Liebe endet, müssen sich Partner für ihre Bedürfnisse starkmachen. Wo aber Angst vor Konflikten herrscht, da fehlen diese Auseinandersetzungen. Die Eigenständigkeit geht verloren. Das Paar lebt in einer Schein-Harmonie, in der einer unzufrieden ist, und der andere versucht, ihn zufriedenzustellen.

Konfliktangst ist letztlich meistens Trennungsangst. Wer schmerzhafte Trennungen erfahren hat, sich nie geliebt fühlte oder nur geliebt wurde, wenn er sich so verhielt, wie Mama und Papa es wollten, der ist unsicher in der Liebe. Er hält sich nicht für liebenswert. Er macht sein Glück vom anderen abhängig und traut sich nicht, offen für seine Wünsche und Gefühle einzutreten.

Die unsicheren Konfliktvermeider verstecken ihre Ängste hinter dem Gedanken, dass Konflikte sinnlos sind. Sie sind stolz darauf, so wenig zu streiten. Der Partner ist ja nun mal, wie er ist. Und man kann ja nicht verlangen, dass er ein anderer wird.

Dass wir den Partner nicht ändern können, das weiß ja mittlerweile jeder. Aber damit ist etwas anderes gemeint. Wir können den Partner nicht zu einem anderen Menschen machen. Wer sich mit jemandem einlässt, der liebend gerne konsumiert, wird ihm das Vergnügen am Shoppen und die endlose Schnäppchenjagd nicht austreiben können. Das nicht. Aber wir können uns schützen, indem wir Konten trennen, auf Zahlungen in die gemeinsame Kasse bestehen, für Schulden des anderen nicht aufkommen. Wir können unserem Bedürfnis nach Sicherheit einen Platz in der Beziehung verschaffen, indem wir uns innerhalb der Beziehung trennen.

So wie wir bestimmte Lebensbereiche getrennt halten und uns dadurch nicht ständig weiter miteinander verwickeln können. Freunde alleine treffen, uns nicht auf Sex einlassen, der uns nicht gefällt, und unser Handy mit einem Passwort schützen. Unsere Beziehung ist dadurch nicht in Gefahr. Im Gegenteil. Wer stets totale Harmonie und Gemeinsamkeit anstrebt, wird bald vermisst. »Du bist gar nicht greifbar!« »Ich weiß gar nicht, wer du bist!« Wer immer verschmelzen möchte, ist kein Gegenüber. Aber wir brauchen ein Gegenüber, um Halt zu finden. Die meisten Wahrheiten sind paradox: Trennen verbindet.

WENN ES HOCH HERGEHT, GEHT NICHTS MEHR

Niemand möchte in seine Wohnung kommen, die Hausschuhe anziehen und einen Pulsmesser anlegen. Aber für Paarbeziehungen könnte das durchaus sinnvoll sein. Denn dann würde Harry nicht wie ein Stein am Küchentisch hocken und Ginas Vorwürfe wortlos an sich abperlen lassen. Frank würde nicht mitten in der erregten Debatte aufstehen und das Zimmer verlassen. Und andere Paare würden sich nicht der Gefahr aussetzen, bei Auseinandersetzungen jeden Augenblick handgreiflich zu werden.

Die magische Zahl liegt bei ungefähr 100. Wenn unser Puls höher steigt, werden wir von unseren Emotionen überflutet. Unser präfrontaler Cortex, der Teil unseres Gehirns, mit dem wir uns bewusst steuern, kann seinen Job nicht mehr richtig machen. Wenn wir feiern, Sex haben oder uns gut verstehen, ist das wundervoll. Aber wenn wir schwierige Situationen miteinander klären wollen, ziemlich katastrophal.

Zuhause sind wir frei, wollen wir wir selbst sein. Wir ziehen Anzug, Kostüm und Arbeitskittel aus und schlüpfen in unsere bequemen Lieblingspullis. Gefühlsmäßig verhalten wir uns genauso. Unser Partner ist unser emotionales Zuhause. Seine vertraute Gegenwart erlaubt uns, uns gehen zu lassen. Das entspricht unserer Liebesvorstellung, authentisch miteinander zu sein. Es bedeutet aber auch, dass unser Verhalten gegenüber unserem Partner ohnehin schon wenig kontrolliert ist.

Deshalb kommt es in Partnerschaften schnell zu Streit. Und wegen der großen emotionalen Bedeutung, die unser Liebster für uns hat, sind wir schnell auf 180. Jede Bemerkung trifft uns. Auf jeden Gesichtsausdruck reagieren wir. Der Mensch, der uns sonst am meisten Halt gibt, ist jetzt unerreichbar für uns. Es gibt kein Halten mehr, weil wir keinen Halt mehr finden.

In dieser Situation regeln sich gerade Männer unbewusst herunter. Sie fürchten sich vor den Aggressionen, die in ihnen aufschießen. Sie vermauern sich in ihrer inneren Welt und regieren nicht mehr. Oder sie verschwinden in die Garage, um das Schlimmste zu verhindern. Wir mussten lernen, unsere Aggressionen gegenüber Eltern, Lehrern und anderen zu beherrschen. Aber häufig war das gerade für Jungen nicht einfach, sondern immer mit der Angst verbunden, es nicht zu schaffen und dann noch mehr Wut auf sich zu ziehen. Gefühllos zu werden, ist ihre erlernte Reaktion. Partner macht das aber erst recht wütend. Und die Folge wird sein, dass Konflikte unbewusst erst recht vermieden werden, weil beide die Eskalation fürchten.

Paare können lernen, darauf zu achten, nicht überflutet zu werden. Sie können sich und den anderen ruhig halten. Und den Punkt finden, an dem es besser ist, eine Pause einzulegen und erst nach einer Stunde weiterzudiskutieren. Da es schwer ist, im Eifer des Konflikts einzulenken, hilft manchmal ein vereinbartes Stichwort. So wie Kinder »mi« sagen, und das Spiel dann unterbrochen ist. Je mehr Vertrauen wir als Paar haben, in Streits nicht nur gemeinsam auszuflippen, desto zuversichtlicher werden wir auch brisante Themen angehen. Aber wenn es zu hoch hergeht, dann geht schnell nichts mehr.

JEDEM ENDE WOHNT EIN ANFANG INNE

Das Leben ist paradox. »Wir wollten uns ernsthaft trennen!«, sagt das Ehepaar S. strahlend, als sie zu ihrer Paartherapie-Sitzung kommen. »Ja«, sagt sie, »ich hatte absolut keinen Bock mehr darauf, wie wir miteinander umgehen. Das mache ich nicht mehr mit!« »Genau«, fällt er ein, »und ich will mich einfach nicht mehr alleingelassen fühlen.« Seitdem das Thema Trennung auf dem Tisch ist, reden sie ernsthaft miteinander. Zum ersten Mal seit Jahren. Es ist kein ungewöhnlicher Prozess, dass ein Paar erst wieder zueinanderfindet, wenn es bis an die Trennung herangegangen ist.

Ohne den Tod gäbe es kein Leben. Und ohne die Trennung keine Liebe, keine Bindung aneinander. Von unseren Eltern, Kindern und leiblichen Verwandten können wir uns niemals trennen. Es gibt keine Ex-Eltern. Über der Verbindung zu unserem »Auserwählten« aber schwebt von der ersten Sekunde an die Trennung. Je mehr wir uns aufeinander einlassen, je mehr wir erlauben, füreinander zu bedeuten, je mehr wir also bereit sind, uns vom anderen abhängig zu machen, desto größer wird bewusst oder unbewusst auch unsere Verlustangst, unsere Angst vor der Trennung.

Trennungsangst ist kein schönes Gefühl. Angst ist niemals

angenehm. Wir verdrängen unsere Trennungsängste, so gut wir es können. Aber sie bleiben lebendig und zeigen sich in unseren Bindungsmustern. Die haben wir entwickelt, weil wir ja als Kinder mit ganz bedrohlichen Trennungsängsten umgehen mussten, sobald Mama nur aus der Tür ging. Wir klammern und lassen den anderen nicht aus unserer Kontrolle. Oder wir regulieren unbewusst unsere Abhängigkeit herunter und empfinden dann weniger für den Partner. Oder aber wir finden immer wieder Wege, uns der Liebe unseres Partners zu versichern. In jedem Fall aber halten wir die bewusst erlebte Möglichkeit einer Trennung weit von uns.

Dabei entgeht uns, dass es die Trennung ist, die unseren Beziehungen Kraft gibt. Angenommen, Beziehungen wären untrennbar. Wie viel mehr Leid würden wir einander zufügen, wie viel weniger Mühe würden wir uns miteinander geben? Und wie viel weniger wert wären wir einander, so selbstverständlich und unveränderlich aneinander gebunden?

Durch das ernsthafte Ansprechen der Trennung erreichen wir den Partner, der im Alltagsmodus unser Unglück nur als Teil der unendlichen gemeinsamen Konflikte abwehrt. Und sobald wir alles in Frage gestellt haben, ist das Gute daran, dass wir das, was uns aneinander bindet, wieder wahrnehmen. Wie bei einem Gummiband, dessen Kraft am stärksten zu spüren ist, wenn es am weitesten gedehnt wird. Wenn Frau S. beschließt: »So nicht mehr!«, dann öffnet sie unbewusst die Tür, die lange verschlossen war. Die Möglichkeit, dass es auch anders sein kann. Der Kreislauf der Angst ist durchbrochen. Denn in belasteten Beziehungen haben wir stets Sorge, dass vielleicht auch unser Partner alles hinwerfen möchte. Und es tut, sobald wir unsere starken Zweifel äußern.

Herrmann Hesse schreibt in seinem berühmten Gedicht:

»Jedem Anfang wohnt ein Zauber inne.« In Liebesbeziehungen wohnt jedem Ende der Zauber eines neuen Anfangs inne.

III

COMMITMENT

Liebe ist eine Entscheidung

Liebe ist eine Entscheidung. Von Anfang an und immer wieder. Liebe braucht Willen. Liebe braucht Vernunft. Liebe braucht Übung, Liebe braucht Training und Liebe braucht Ausdauer. Das ist die Seite der Liebe, über die wir wenig, zu wenig sprechen. Die wir aber in unseren Liebesbeziehungen ständig erleben. Irgendwann finden wir uns dabei wieder, wie wir um unsere Liebe ringen. Und wir fragen uns, ob das so richtig sein kann. Sollten wir uns wirklich anstrengen müssen, damit die Liebe weiterleben kann? Das Leben ist hart genug. Da möchten wir doch nicht auch noch in unserem Liebesleben ständig rackern müssen.

Beziehungsarbeit? Ein schrecklicher Begriff. Mit unserer romantisch-leidenschaftlichen Liebessicht ist sie schon gar nicht vereinbar. Wir fühlen aber, dass wir uns Mühe geben müssen. Wenn wir uns nicht auf den beschwerlichen Weg aus dem Beziehungstälern machen, können wir die Beziehung vergessen. Denn von alleine wird sie nicht wieder aufblühen.

Wir besitzen im Deutschen kein gutes Wort für die Fähigkeit, die wir dann brauchen. Aber die wir offenbar besitzen und entwickeln, um lieben zu können. Commitment. Das englische Wort bedeutet übersetzt »Verbindlichkeit, Verpflichtung, Engagement«. Es legt mehr Betonung auf die innere Hingabe, den eigenen Antrieb, sich zu verpflichten, als das deutsche Wort »Verpflichtung«. Deshalb habe ich es hier gewählt. Vielleicht wäre »Selbstverpflichtung« noch die beste Übersetzung, aber auch dass klingt zu sehr nach preußischem Gehorsam, als nach einer aus Überzeugung gewählten Haltung.

Commitment ist die Entscheidung, auch in schlechten Zeiten zu bleiben. Nicht nur die Zeiten der großen Liebe mit dem Partner zu teilen, sondern auch die Zeiten der kleinen Liebe, ja sogar die der verschwundenen Liebe. Wir »committen« uns selbst. Aber für den Partner ist diese Haltung von großer Bedeutung. »Ich bleibe auch dann bei dir, wenn du mir mal so richtig auf den Keks gehst. Du musst nicht ständig fürchten, dass ich dich verlasse, weil du gerade meine Bedürfnisse nicht erfüllst.« Eine Entscheidung ohne Handlung ist aber leer. Commitment ist deshalb auch der Wille, das Nicht-Aufgeben, das Immer-wieder-versuchen, das Dranbleiben.

Liebe ist eine Entscheidung. Das hört sich falsch an. Ist Liebe nicht im Gegenteil genau etwas, was wir nicht entscheiden? Der letzte Ort, wo wir dem Schicksal noch eine Chance geben? Außer vielleicht an der Börse, aber das ist eine andere Geschichte. Wir erfahren Liebe als schicksalhaftes Erleben, dem wir uns unglaublich begeistert hingeben. Doch in dieser Hingabe liegt ja bereits eine Entscheidung. Wir haben uns entschieden, die Liebe auf diese Weise zu finden. Auf dem Weg der romantischen Liebe. Es ist eine Entscheidung, die wir nicht persönlich und bewusst fällen, wir übernehmen sie als kulturelle Regel. Die Gesellschaft, in der wir leben, hat sie für uns gefällt. Deshalb hat die romantische Liebeswahl die Hochzeit aus ökonomischen oder sittlichen Gründen abgelöst.

In wen unter all den Tausenden und virtuell mittlerweile Millionen Kandidaten wir uns verlieben, diese Entscheidung treffen wir nicht. Wir geben sie ab. Indem wir auf den geheimnisvollen Funken warten, der überspringen muss. Ohne genau zu wissen, was wir damit meinen, verlassen wir uns darauf, entflammt zu werden. Wir daten im Internet, treffen uns live und hoffen inbrünstig, dass es diesmal funkt. Wenn es nicht funkt, ziehen wir weiter. Wir warten also auf körperliche Gefühle der Erregung. Dabei könnten wir die Bedingungen sogar schaffen, unter denen es sehr wahrscheinlich wird, dass wir uns verlieben werden. Wie wäre es sehr spät in einem Club? Oder auf einer sehr hohen Brücke? Oder einfach dann, wenn nur sehr wenige potenzielle Partner zur Auswahl stehen? Das sind alles Bedingungen, unter denen wir beginnen, jemanden zunehmend attraktiv zu finden. Wir ignorieren, dass wir nie miteinander im Bett und in einer Beziehung gelandet wären, wenn wir nicht zwei Caipirinhas zu viel gehabt hätten. Schicksal ist Schicksal und soll Schicksal bleiben.

Aber Verliebtheit ist ja auch nicht Liebe. Wir haben gelernt, das zu unterscheiden. Und zur Liebe entscheiden wir uns dann schon. Wir überlassen es unserem Unbewussten, mit wem wir eine Beziehung beginnen. Aber wir entscheiden bewusst, mit wem wir eine Beziehung nicht beenden. Mit wem wir aus dem Standardmodell heutiger Liebesbeziehungen, der seriellen Monogamie, aussteigen.

Wir haben eine ganze Zeitlang eine Liebesbeziehung nach der anderen. Und dann beschließen wir, uns nicht wieder zu trennen, sondern zusammenzubleiben. Wir basteln uns dann eine Erklärung, wieso alle vorhergehenden Beziehungen notwendigerweise scheitern mussten. Und weshalb diese nun die »richtige« ist. Weil wir unserem Modell der schicksalhaften Liebe treu bleiben, haben wir jetzt das schicksalhafte Gefühl, endlich angekommen zu sein. Der Grund für diesen inneren Umschwung? Wir wollen Kinder oder bekommen sie einfach. Wir sind müde vom Beziehungswandern und wollen nicht schon wieder in das dunkle Tal der Trennungsschmerzen. Uns dämmert, dass wir auch in der nächsten Beziehung an denselben Punkt kommen werden. Wir wollen nicht als Versager dastehen, der eine Beziehung nach der anderen in den Sand setzt. Also bleiben wir jetzt bei jemandem, der uns guttut. Der Soziologe Sven Hillenkamp entdeckt darin verborgen die Entscheidung für eine Art Vernunftehe. Wir geben die Jagd nach dem immer noch besseren Partner im Wunderland der unbegrenzten Dating-Möglichkeiten auf. Irgendwas in uns entscheidet sich, das ewige, endlose Suchen aufzugeben. Stattdessen nehmen wir den Besten, der jetzt gerade zur Verfügung steht. Entgegen all unserer romantischen Überzeugungen nehmen wir dann möglicherweise den Nächstbesten.

Frühere Generationen wurden von den Eltern und der Gesellschaft zur Vernunft gebracht, heute tun wir das selber. Rückblickend sagen viele Paare, dass sie wohl kein Paar geblieben wären, wenn es die Kinder nicht gegeben hätte. Es klingt dann, als sei es etwas Schlimmes, als müssten sie sich dafür entschuldigen, nicht nur aus überzeugter Zuneigung und wahrer Leidenschaft füreinander ein Paar geblieben zu sein. Wir handeln anders, als unsere Ideale es von uns fordern. Wir sind auch in der Liebe viel vernünftiger, als es uns das gesellschaftlich propagierte Bild der Liebe nahelegt. Und das ist gut so. Denn nur so haben unsere Liebesbeziehungen überhaupt eine Chance.

Wir geben unser individuelles Leben auf. Wir ziehen zusammen. Wir heiraten. Nichts zwingt uns heute dazu zu heiraten. Vielleicht lockt noch das steuerliche Ehegattensplitting. Heiraten war aber schon immer eine Entscheidung. Eine Hochzeit ist ein Ritual der Entscheidung. Sie ist auch ein Fest der Liebe. Aber nicht vorrangig, sonst gäbe es vielleicht eine Liebesgöttin, deren Füße wir küssen würden. Sie ist auch ein soziales Fest, das Familien und Freundeskreise vereint. Aber auch das ist nicht vorrangig, denn wir bilden keine große Menschentraube um das Paar in der Mitte und singen gemeinsam »We are family!«. Nein, unser Hochzeitsritual ist ein Fest der Entscheidung. Sag ja! Verpflichte dich auf gute und auf schlechte Zeiten. Überprüfe, ob du wirklich diese Entscheidung treffen willst. Committe dich! Denn für den Menschen, den du gerade heiratest, bist du jetzt zuständig. Mama und Papa sind nicht mehr die wichtigsten Menschen auf der Welt für ihn. Die primäre Bindung ist jetzt rituell auf dich übergegangen. Ab jetzt bist du es, der immer für ihn da ist. Bist du das?

Der bereits erwähnte Psychologe Jim Coan hat in seiner Forschung noch etwas zu Commitment entdeckt. In einer neuen Versuchsreihe legte er mehr Versuchspersonen in die Röhre, diesmal auch Personen aus gleichgeschlechtlichen Partnerschaften. Jim Coan tritt eher als unangepasster Wissenschaftler mit Hang zum Kichern in Erscheinung, denn als christlicher Fundamentalist. Deshalb staunte er nicht schlecht, als sich zeigte, dass die Beruhigung angesichts der Schmerzdrohung bei verheirateten Paaren wesentlich deutlicher auftrat als bei nicht verheirateten Paaren. Noch verwirrender war, dass sich auch unter gleichgeschlechtlichen Paaren deutliche Unterschiede ergaben. Obwohl lesbische und schwule Paare im amerikanischen Bundesstaat Virginia damals gar nicht heiraten durften. Wie sich herausstellte, wirkte die Beruhigung durch den Partner bei denjenigen gleichgeschlechtlichen Paaren stärker, die sich verheiratet fühlten. Ein einfaches Zusammenwohnen allein ergab keinen messbaren Effekt.

Das Commitment des anderen scheint also deutlich Sicherheit zu geben. Wenn wir uns sicher sind, dass sich unser Partner wirklich eingelassen hat. Und nicht nur abwartet und sein Bündel schnürt, wenn Koitus-Frequenz und Wohlfühlfaktor in den Sinkflug gehen. Rational betrachtet, könnten wir uns Brautstrauß und Standesbeamte sparen. Schon mal was von

Scheidungsquoten gehört? Kritisch betrachtet, gilt unser »Ja« vielleicht ohnehin eher einem Vermögen und der Finca auf Malle. Oder es ist ein »Ja« zu einem beeindruckenden Menschen, zu einer uneingestandenen Abhängigkeit, ein Akt der Macht, ein zwanghaftes Erfüllen von angenommenen Normen. Doch entscheidend ist die Dimension unserer Absicht. Denn im Grunde geben wir unser »Ja« zu einem Ja. Es ist die Entscheidung, immer wieder zu entscheiden. Liebe ist eine Entscheidung, die immer wieder getroffen werden muss. Wir »treffen« im Deutschen eine Entscheidung. Wir begegnen ihr also. Wir müssen dahin gelangen, wo wir sie treffen können. Wir müssen sie suchen, damit wir sie immer wieder treffen können.

Irgendwann in unseren Beziehungen haben wir Zweifel. Oder sind uns sogar verdammt sicher, den perfekten Fehlgriff hingelegt zu haben. Unser Kaiser trägt jetzt keine schicken Kleider mehr. Wir sehen ihn nackt. Und da sieht er lange nicht mehr so gut aus wie damals. Würden wir jetzt unseren Gefühlen folgen, dann adieu! Also treffen wir unsere alte Entscheidung erneut. Und bleiben ihr treu. Gegen unsere Gefühle. Aber im Einklang mit unserem Verstand. Wir entscheiden uns für eine resignative Reife, wie der Psychotherapeut Arnold Retzer die Einsicht in die Grenzen unseres Paarglücks nennt. Für die Hoffnung, für eine Paartherapie, für den Glauben an das, was wir miteinander an guten Zeiten hatten, für unsere gemeinsame Geschichte, für die Momente der Liebe, die trotz allem immer wieder durchscheinen, für das kleine Glück und für die kleine Liebe.

Und gegen die Stimmen in unserem Kopf, die uns versprechen, dass es doch woanders viel besser sein wird. »PROTECT ME FROM WHAT I WANT!« Diesen »truism« hat die

Künstlerin Jenny Holzer verbreitet. Schütze mich vor meinen eigenen Wünschen. Weil sie unendlich sind, voller Illusionen und der Liebe keine Möglichkeit lassen, jemals genug zu sein.

Ohne unsere ständig neue Entscheidung dabeizubleiben, hat die Liebe keine Chance. Ohne unser Commitment würden wir psychisch verloren gehen im Supermarkt der Beziehungsangebote. Wenn uns ein Joghurt nicht mehr schmeckt, warten unendlich viele andere darauf, von uns entdeckt zu werden. Und schlimmer noch, es kommen ständig immer neue auf den Markt. Und wenn uns unser Partner nicht mehr schmeckt? Sven Hillenkamp formuliert das Dilemma, in dem wir heute stecken, so: »Wenn du deine unbegrenzten Möglichkeiten nicht verwirklichst, dann bist du ein Versager! Wenn du deine unbegrenzten Möglichkeiten verwirklichen willst, dann bist du ein Neurotiker und Narzisst.«

Als beste Lösung böte sich die Seitensprung-Ehe an. Eine feste Partnerin, um kein Narzisst zu sein. Und viele Geliebte, um nicht als Versager vor sich selbst zu stehen. Eine Lösung, die weit verbreitet ist. Kulturen haben sie ritualisiert, bürgerliche Kreise als verschwiegene Selbstverständlichkeit gelebt. Für uns ist sie einerseits einfacher geworden, weil wir nicht mehr moralisch denken. Und schwerer, weil wir den Anspruch haben, authentisch zu sein und nicht mit fetten Lügen im Gepäck durchs Leben zu reisen. Einen offenen Umgang damit verkraften wir emotional nicht. Noch nicht?

Also benötigen wir das gesamte Handwerk des Commitments, um Liebesbeziehungen möglich zu machen. Wir können Liebe nur leben, wenn wir unsere schöne neue Welt verlassen. Beziehungen sind ein wenig anachronistisch geworden. Denn wir müssen erlauben, dass unser Leben nicht nur perfekt und komfortabel ist. Die Idee, dass wir lieben können, ohne dass es uns auch wehtun wird, ist bescheuert. Und noch nicht sehr lange in der Welt. Erst seitdem wir unbewusst einem therapeutischen Ideal folgen, nehmen wir Leid nur noch als Zeichen dafür, dass dringend etwas geschehen muss. Kummer in der Liebe ist nur noch ein Signal, dass es schlecht läuft. Die Idee, dass Leid zur Liebe dazugehört, ist uns fremd geworden. »Love hurts« wird zwar noch endlos weiter besungen. Aber statt darin die Wirklichkeit unserer Gefühle wiederzufinden, tragen wir es heute mehr wie einen Protestsong vor. Wir haben das Bittere aus unserem Leben verbannt. Erinnert sich noch jemand daran, dass Chicorée mal richtig bitter war und jede Salatgurke bitter schmeckende Enden hatte? Weggezüchtet. Die Liebe ist keine Gurke, sie wird ihre bitteren Enden behalten. Deshalb brauchen wir unser Commitment, unsere Entscheidungen, um die Liebe nicht im Stich zu lassen. Demut ist wohl der aus der Mode gekommene Begriff dafür, dass wir uns nicht so wichtig nehmen. Dass wir nicht zum Abhängigen von schmuseweichen Wohlempfindungen werden, sondern bereit sind, auch unangenehme Gefühle anzunehmen. Dass wir auch die Schattenseiten der Liebe umarmen, weil wir unserer Beziehung treu bleiben wollen.

Eine langjährige feste Liebesbeziehung gehört in die geschmähte Welt des »gut genug«. John Bowlby hat die Idee der Mütter, die »gut genug« sind, geprägt. Nach seiner Beobachtung gibt es keine guten Mütter, die alles richtig machen. Aber die meisten Mütter seien »gut genug« für ihre Kleinen, um sie wohlgerüstet ins Leben zu führen. Ich glaube, es gibt auch keine guten Partnerschaften, keinen guten Partner. Aber die meisten Partnerschaften sind gut genug, die meisten Partner gut genug füreinander, um ein befriedigendes Leben miteinander zu haben. Das Problem ist, dass wir einerseits die reflektiertesten Beziehungen führen, die Menschen vermutlich je gelebt haben. Doch andererseits auch die verdammt größten Ansprüche haben. An uns, aneinander und an die gesamte Wirklichkeit. Wir sind eher so vermessen zu denken, dass nicht einmal »gut« wirklich gut genug ist.

Eine Beziehung ist keine Wellness-Oase, in der man vorgeheizte Räume betritt, sich hinlümmelt, die verspannten Körperteile massieren lässt und letztlich das Handtuch liegen lässt, geht und der Reinigungsdienst alles wieder in Ordnung bringt. Unsere Beziehung müssen wir selbst pflegen. In der Liebe sind wir Gärtner. Wir können die Liebe nicht zum Wachstum zwingen. Aber wir können den Boden bereiten, auf dem sie wachsen kann. Es werden Unwetter aufziehen und wir werden arbeitslos, ungewollt schwanger oder krank. Es wird Trockenheit geben, unsere guten Gefühle versiegen, und wir können nur die kleinen und großen Rituale bewahren, die unsere Beziehung festigen. Die Umarmungen und die anerkennenden Wort nicht einschlafen lassen, das Wochenende ohne die Kinder einplanen. Zeit füreinander bewahren. Ungeziefer wird unseren Garten befallen und es wird schwer sein, den Stress aus unserem Job nicht in unsere Beziehung schwappen zu lassen und nicht an seinem Flirt mit einer Kollegin zu verzweifeln. Aber wir werden bei Wind und Wetter, bei Regen und Sonnenschein, das ganze Jahr über immer dranbleiben.

Commitment bedeutet, nicht aufzugeben. Immer wieder auf den anderen zuzugehen, die Konflikte sich nicht auftürmen zu lassen. Nicht zu akzeptieren, dass wir einander fremd werden, sondern es in Frage stellen und laut die wichtigen Fragen stellen. Es bedeutet, die Überzeugung zu leben, dass eine Beziehung niemals stillsteht. Und immer wieder Kurs auf

Nähe und Verständnis zu nehmen. Lieben ist ein Verb. Der Prozess, der eine Partnerschaft ist, entwickelt sich immer weiter. Commitment bedeutet häufig, einfach nur durchzuhalten. Der Blick auf das Beziehungsbarometer sagt unveränderlich mies. Wir können nichts tun. Nur mitgehen, aushalten. Es gibt Zeiten, in denen nicht mehr möglich ist, als zu warten, bis unsere Beziehung reif ist für den nächsten Schritt.

Eine Liebesbeziehung ist also auch eine Frage des Willens. Der Sozialpsychologe Roy Baumeister, einer der bedeutendsten Forscher zu Willenskraft, vergleicht den Willen mit einem Muskel. Wir können ihn trainieren und ihn stärken. Er kann aber auch erschöpft sein. Dann haben wir kaum noch Willenskraft und können nichts mehr entscheiden. In der Partnerschaft lautet der Satz dazu: Ich kann nicht mehr. Dann wird unser Commitment schwer. Und es liegt an unserem Partner, so präsent zu sein, dass wir wieder Willenskraft entwickeln können. Unser Wille ist das Bemühen, mehr so zu werden, wie es unserer Vorstellung von uns entspricht. Ein besserer Partner, als wir es sind.

Diese Arbeit an uns selbst ist vielleicht das größte Commitment, das wir eingehen. Bereit zu sein, uns aus dem Blickwinkel unseres Partners zu sehen. Uns in Frage zu stellen. Das Bild, das wir von uns haben, durch das Bild, das uns unser Partner spiegelt, zu ergänzen. Unsere Fehler und Übergriffe einzugestehen. Unsere Unaufmerksamkeit und Verschlossenheit nicht einfach hinzunehmen. An uns selbst dranzubleiben.

Als Mr. und Mrs. Commitment steht uns nur die schwächste Kraft des Gehirns auf unserer Seite: die Einsicht. Gefühle übertönen unsere Erkenntnisse und Gedanken, können sie wegblasen wie trockene Blätter im Wind. Es sind elende Momente, wenn wir uns einsam und verlassen fühlen. Wenn wir einander berühren, es uns jedoch nicht berührt. Oder gar, wenn uns wehgetan wurde. Wenn wir mitten im Orkan der Eifersucht unseren kleinen Liebesgarten weiter bestellen. Wenn uns der Schmerz über Lügen und Betrug die Luft abschnürt. Dann brauchen wir die Fähigkeit zu vergeben, zu verzeihen. Ohne sie ist Commitment nicht möglich. Ich verzeihe dir, dass du mich betrogen hast. Aber ich verzeihe dir auch, dass du so faltig und vergesslich geworden bist, dass du nie die Karriere gemacht hast, die ich mir von dir versprochen habe, dass wir nie nach Hawaii fliegen konnten, dass wir keine Kinder haben, dass du nicht so schön wie der Nachbar bist, dass du nur du bist.

Noch ein letztes Bild: Eine Liebesbeziehung können wir auch wie eine Achtsamkeitsmeditation betrachten. Immer am Atem, am Erleben des Jetzt dranbleiben, die Aufmerksamkeit immer wieder dahin zurückführen. Endlos daran scheitern, nie ankommen, aber alles akzeptierend annehmen. Eine besondere Form der Achtsamkeitsmeditation ist die »Metta«-Meditation. Die Meditation der liebenden Güte. In ihr konzentriert man sich darauf, liebend und mitfühlend zu sein und positive Emotionen und Gedanken in die Welt zu geben. Untersuchungen haben gezeigt, dass sich die Gehirnareale, in denen Empathie, positive Gefühle und Gefahrenregulation stattfinden, durch Metta-Meditation verändern. Worauf wir unsere Aufmerksamkeit immer wieder richten, das verändert unser Gehirn auf Dauer.

Das Beste ist, dass wir Metta-Meditation möglicherweise schon längst betreiben. Jedes Mal, wenn wir uns die guten Seiten, die liebenswerten Eigenschaften unseres Partner vor Augen halten, wenn wir ihn bewusst im günstigen Licht sehen und wir die guten Augenblicke und Seiten unserer Beziehung nicht aus den Augen verlieren, sondern uns im Gegenteil immer wieder daran erinnern. Dann stärken wir unsere Beziehung. In befriedigenden Partnerschaften haben die Menschen eher ein unrealistisch gutes Bild vom Partner. Wir leben nicht in der Realität, sondern in unserer Realität. Illusionen gehören zum Überleben. Depressiv sein hängt mit allzu realistischem Wahrnehmen zusammen.

Unsere Liebesbeziehungen sind bestimmt durch unsere Gefühle. Doch das ist nicht die ganze Wahrheit. Denn unsere Liebesbeziehung, die lange, vertraute Zweisamkeit liegt im Zentrum des Lebensentwurfs, den wir für uns geschaffen haben. Ihn versuchen wir zu erhalten. Durch Loyalität, Berechenbarkeit, Ehrlichkeit und Zuverlässigkeit. Indem wir an der Beziehung festhalten und nicht nur an unseren Wünschen. Diese gemeinsame Welt zu erhalten, dem gilt unser Commitment. Es gibt Zeiten, da fühle ich nicht, dass du meine Frau bist. Aber du bist es doch. Liebe ist nicht Erfüllung. Liebe ist, das Unerfüllte auszuhalten.

VERLASS DAS SPIELFELD NICHT

Bert hasst diesen Moment. Er hat ihn schon zu oft erlebt. Mitten im Streit wird Laura plötzlich kühl und sagt: »Vielleicht sollten wir es einfach vergessen. Es ist doch jahrelang schon der gleiche Mist. Ich kann deine Vorwürfe nicht mehr hören, du meine nicht. Lass es uns doch endlich einsehen und uns trennen.« Und dann steht sie auf oder dreht sich um und geht. Früher hat ihn das in Panik versetzt. Entweder bettelte er dann, dass sie es doch bitte weiter versuchen sollten. Oder er wurde so wütend, dass er nur noch »Ja, genau, dann hast du endlich, was du willst! Du blöde Idiotin, sieh doch zu, wie du alleine klarkommst!« hinter ihr herbellte. Heute, nach vier Jahren Beziehung, ist es ihm irgendwie gleichgültiger geworden. Und trotzdem wünscht er sich jedes Mal, dass sie endlich damit aufhören möge, sich von ihm zu trennen, sobald es zwischen ihnen schwierig wird.

Berts Wunsch ist verständlich. Wir kennen sein Gefühl aus der Kinderzeit. Wir spielten mit unseren Freunden. Nach einem Streit handelten wir gerade die Regeln neu aus. Und dann sagt jemand: »Ich spiele nicht mehr mit!« Und verließ das Spielfeld. Und wir krümmten uns in hilflosem Zorn und wollten mit dem Spielverderber nie wieder zusammen spielen.

In jedem Spiel fühlen wir uns mal unfair behandelt oder foulen selbst. Wir können es regeln, solange niemand das Spiel aufkündigt. Genauso sind wir in Beziehungen den Vorwürfen, Drohungen und der Verzweiflung unseres Partners ausgesetzt. Und können und müssen uns damit auseinandersetzen. Doch eine Trennungsdrohung hat eine andere Qualität. Sie stellt die Beziehung selbst in Frage und damit die Basis, auf der Konflikte ausgetragen werden können.

Es ist immer wieder notwendig, eine Beziehung zu klären und sich dabei auch mal heftig zu streiten, damit wieder Nähe gelebt werden kann. Doch um so viel von uns zu zeigen, brauchen wir die Sicherheit, dass der andere uns nicht fallen lässt, weil wir jetzt schwierig für ihn werden. Wer leichtfertig oder weil er sich damit durchsetzen möchte mit Trennung droht, zerstört genau diese Sicherheit. Denn der Partner wird auf die in ihm entstehende Trennungsangst reagieren. Klammernd oder wütend oder indem er selbst beginnt, über Trennung nachzudenken. Und je unsicherer sich die Beziehung anfühlt, umso dringlicher sind Klärungen, aber umso schwerer fallen sie auch. Wer sich ständig trennt, wird auch nicht ernst genommen, falls er irgendwann ernsthaft an der Partnerschaft zweifelt. Deshalb ist es wichtig, dass Trennungsdrohungen nicht einfach übergangen, sondern geklärt und zurückgenommen werden.

Die Trennung schwebt über einer Partnerschaft wie der Tod über das Leben. Sie ist immer möglich. Und ein Paar ist nur ein Paar, solange sich beide als Partner definieren. Deshalb sollten wir mit Trennung weder drohen, noch sie voreilig aussprechen. Wir sollten das Spielfeld der Liebe nie leichtfertig verlassen.

KRISEN BILDEN WURZELN

Jane und Dirk sind Kinder der 70er-Jahre. Was nicht nur dazu führt, dass sie immer noch Simon and Garfunkel in ihr CD-Fach schieben, sondern auch dazu, dass sie sich in schmerzhaften Affären verstrickten. Die Idee einer festen Partnerschaft erschien ihnen warm und anziehend und, als sie Kinder bekamen, absolut notwendig. Andererseits sang Paul Simon in ihren Köpfen aber weiter: »There must be fifty ways to leave your lover«. Und genau das erprobten sie in ihren ersten gemeinsamen Jahren. Wenn sie sehr enttäuscht voneinander waren, verdrängten sie ihren Frust durch Seitensprünge. Dirk ging zuerst fremd und, davon verletzt, tat Jane es ihm gleich.

Der Schmerz über den Vertrauensbruch, die Wut, die Eifersucht, die Unsicherheit und Angst ließen sie manchmal fast scheitern. Sie durchlebten Zeiten endloser Streits und Phasen völliger Beziehungslosigkeit. Bis sie wieder ins Gespräch miteinander fanden und manchmal mit Hilfe von Therapien aufarbeiten konnten, was sie getrennt hatte. Und sie allmählich wieder mehr und mehr Augenblicke von Verständnis, Nähe und Erotik miteinander teilen konnten.

Jane und Dirk durchlebten auf ihre schmerzhafte Art, was die amerikanischen Familientherapeuten Barry Dym und

Michael Glenn für jede Liebesbeziehung beschrieben haben. Ein Paar durchlebt immer wieder drei Phasen: Eine Phase der Offenheit, die von einer Phase der Enttäuschung und des Rückzugs abgelöst wird. Worauf, sofern das Paar die schwierige zweite Phase bewältigt, die Phase der Entspannung einsetzt, in der sich die Beziehung festigt.

Wir kennen alle die Krise, die auf die erste Verliebtheit folgt. Wir können uns plötzlich nicht mehr einigen. Wir glauben zunehmend, die Arschkarte gezogen zu haben, weil wir es dem Partner nie recht machen können. Wir fühlen uns nicht mehr unterstützt, wir zweifeln an unserer Liebe. Wir streiten ständig und unser Partner scheint sich als egoistisch, wenig einfühlsam und herrschsüchtig zu entpuppen. Schließlich fragen wir uns, ob wir an diese unzufriedene Kampfhenne oder diesen emotionsfreien, sexfixierten Gefühls-Autisten unser Leben verschwenden wollen.

Wir sind nicht nur vom anderen tief enttäuscht, sondern auch von uns selbst. Denn wir schaffen es nicht, die Liebe aufrechtzuerhalten. Deutlicher als uns lieb ist, erleben wir die Schattenseiten des anderen und er unsere. Aber genau das ist der Gewinn der Krisenzeiten. Wir werden authentisch. Unsere Schwächen und Unzulänglichkeiten bleiben nicht verborgen. Wir wachsen als Paar zusammen, weil wir mit unserer Wut und unserem Schmerz nicht alleine geblieben sind, weil unser Partner zu uns gehalten hat, obwohl wir ihm unglaublich wehgetan haben. Wir sind ein stärkeres Paar, denn wir wissen nun, dass wir auch schwere Krisen meistern können.

Dunkle Beziehungszeiten können das Ende einer Liebe bedeuten. Oder das (un)ausgesprochene Versprechen einlösen, in guten wie in schlechten Zeiten zueinander zu stehen. Krisen bilden die Wurzeln, die unsere Beziehungen leben lassen.

DIE BEZIEHUNG GEHT IMMER VOR

Herr P. und Frau M., schon Jahre ein Paar, pubertierende Kinder, aber unverheiratet, spielen ihr übliches Spiel. Es heißt: »Wir tun so, als sei alles in Ordnung. Bis wieder alles in Ordnung ist.« Sie decken den Tisch, organisieren die Kinder, aber sprechen nur das Notwendigste und schauen aneinander vorbei. Eiszeit.

Eine gründliche medizinische Untersuchung würde ergeben, dass ihr Blutdruck gestiegen, ihre Gefäße verhärtet und ihre Muskeln angespannt sind. Beide tun so, als könnten sie gut weiterleben, obwohl ihre Beziehung gerade eine fette Störung hat. Aber die Wahrheit ist, sie können es nicht. Niemand kann das. Paarexperten wie Prof. Jürg Willi betonen immer wieder, dass nichts unser psychisches Wohlbefinden so beeinflusst wie der Zustand unserer Liebesbeziehung.

Auf die Frage: »Wie läuft es denn in deiner Beziehung?«, wissen wir sofort die Antwort. Als sei ein hochempfindliches Beziehungs-Barometer in uns eingebaut und das Display immer direkt vor unseren Augen. Sofern uns unser Liebster nicht gerade eine heiße Affäre verheimlicht, ist unsere Einschätzung präzise und verlässlich. Und selbst dann haben wir ja meist ein Unbehagen, das wir nur nicht richtig einzuordnen wissen.

Als Partner schwingen wir in unseren Beziehungsgefühlen miteinander. Niemand ist total happy, während der Lebensabschnittspartner gerade den völligen Beziehungs-Gau durchlebt.

Nur scheinbar gibt es eine Gruppe von Menschen, die dies widerlegen. Ehemänner, die mit offenem Mund dastehen, wenn ihnen ihre Frauen erklären, dass sie sich unwiederbringlich trennen werden. Doch diese Männer (und manchmal auch Frauen) haben nur aufgehört, Signale zu beachten. In ihrer Sucht nach Harmonie und in ihrer Konfliktscheu haben sie die Spannungen ausgeblendet. Ein emotionsloses Nebeneinander ist aber im Grunde das sicherste Anzeichen, das uns über den Zustand der eigenen Beziehung skeptisch werden lassen sollte.

In der Gruppentherapie gibt es die Regel: »Störungen haben Vorrang.« Sie soll besagen, dass sich die Gruppe erst wieder mit Themen beschäftigen kann, wenn alle Beziehungen so weit geklärt sind, dass niemand aus der Gruppe mehr einen aktuellen Gefühlskonflikt mit einem anderen Gruppenmitglied hat. Ein Paar ist wie eine spezielle Kleingruppe. Auch hier hat Vorrang, wie wir uns miteinander fühlen, denn es bestimmt unser gesamtes Verhalten. Die Wochenendplanung, den nächsten Einkauf, den Zoff mit den Kindern, das Treffen mit Freunden und den Job.

Wir sind eben keine Inseln. Obwohl unser gängiges Menschenbild behauptet, wir seien unabhängige Individuen. Es legt uns nahe zu versuchen, souverän zu reagieren. Und zu akzeptieren, wenn der Partner weniger Zeit mit uns verbringen will. Oder einfach mehr Sport zu machen, wenn Distanz und Unverständnis in der Beziehung zunehmen. Ja, wir können und sollten autonom in Beziehungen werden. Aber das bedeutet, in der Beziehung unabhängig zu sein, nicht unabhängig von der Beziehung. Selbstständig sind wir nur, wenn wir unsere Gefühle ernst nehmen. Auch deshalb geht unsere Liebesbeziehung immer vor.

EINE BEZIEHUNG STEHT NIEMALS STILL

Jedes Mal, wenn Frau M. erfahren möchte, was in ihrem Mann vorgeht, enden sie im Streit. Und jedes Mal wirft er ihr dann vor, dass sie sich ja sonst auch nicht für ihn interessiert. Wie oft hat er sie schon gebeten, pünktlich zu sein? Und wieso hat sie ihr Handy nie eingeschaltet, wenn er sie erreichen will? Endlos dieselben Vorwürfe, immer dieselbe Leier. Paare fühlen sich wie Bill Murray in »Und täglich grüßt das Murmeltier«, der in einer Zeitschlaufe gefangen ist und Tag für Tag das absolut Gleiche erlebt.

Doch das schreckliche Sackgassen-Gefühl trügt. Ein Paar kann nicht stillstehen. Ein Paar ist ein sich ständig veränderndes System. Partner reagieren unentwegt aufeinander. Als Paar sind wir immer in Bewegung, entweder aufeinander zu oder voneinander weg. Entweder wird gerade alles besser oder es wird schlechter. Entweder befinden wir uns in einer negativen Eskalation oder in einer positiven.

Wenn wir akzeptieren, dass eine Beziehung niemals stillsteht, dann wissen wir, dass wir uns in einer Abwärtsspirale befinden, wenn wir miteinander festhängen. Lösen lässt sich der Stillstand durch Deeskalation. Das ist im Grunde sehr einfach, aber in der Praxis sehr schwer. Wir sollten weniger austeilen, als wir einstecken. Sanfter reagieren, auch wenn es verletzend zugeht. Positive Signale senden, obwohl wir befürchten müssen, dass sie abgeschmettert werden. Unser Partner ist nicht unser Feind. Auch er sucht eine liebevolle Beziehung. Auch wenn es sich gerade nicht so anfühlt.

Das Gefühl des Stillstands ist ein Alarmsignal. Wir erreichen einander nicht mal mehr im Streit. Wir haben uns voneinander zurückgezogen und bekommen das Gefühl, dem anderen nichts mehr zu bedeuten. Sobald wir das einander wieder zeigen, kann das der Beginn einer positiven Eskalation sein. Dann beantworten wir Zuwendung wieder mit noch mehr Zuwendung. So wie wir es als frisch Verliebte intuitiv getan haben. Als wir jedes Liebesbekenntnis verstärkt zurückgefunkt haben. Ständig kleine Angebote der Verbundenheit ausgetauscht haben. Ein Kuss hier, eine liebevolle Notiz dort. Wir sagen uns, wie sehr wir einander vermissen. Wir machen ein besonderes Geschenk. Wir werden gelobt und bewundert und geben mehr Lob und Bewunderung zurück. Wir wissen, wie es geht. Erstaunlicherweise nehmen Partner oft nicht wahr, was sie dazu beitragen könnten. Denn es ist unsere psychologische Tendenz, dem Negativen mehr Aufmerksamkeit zu schenken als dem Positiven.

Was aber, wenn unsere Gesten der Zuwendung weiter ignoriert werden und der Partner, auch wenn wir unseren Anteil an Konflikten eingestehen, mit nur noch mehr Vorwürfen reagiert? Dann bleibt kein anderer Weg, als ihn damit zu konfrontieren, dass er unsere Liebe aufs Spiel setzt, wenn wir nicht gemeinsam danach forschen, was ihn an seinem Rückzug festhalten lässt.

Wir wehren uns zu Recht dagegen, ständig Beziehungsarbeit leisten zu müssen. Wir möchten nicht, dass Liebe

Arbeit ist. Aber wir müssen, unsere Sprache verrät es uns, »eine Beziehung führen«, wie wir auch ein fahrendes Auto ständig lenken müssen. Denn eine Beziehung steht niemals still.

LIEBE BRAUCHT ZEIT

Das Ehepaar beklagt, was Ehepaare häufig beklagen. Ihr Sex sei so häufig wie ein Sechser im Lotto. Wenn sie Sex haben, lieben sie es beide. Sie verstehen sich, sie haben Lust aufeinander. Was also ist das Problem? Sie sind beide beruflich häufig auf Reisen. Und seit zwei Jahren arbeitet Herr R. in einem anderen Teil der Republik. Zu Hause ist er nur am Wochenende. Und dann wird eingekauft, sie räumen das Haus auf, treffen Freunde, besuchen Ausstellungen, Fitnesskurse und spielen Tennis. Das Problem ist Zeit. Für Sex ist schlicht keine Zeit mehr übrig. Auf ihre Erotik scheint der bekannte Satz von Ödön von Horváth zuzutreffen: »Ich bin nämlich eigentlich ganz anders, aber ich komme nur so selten dazu.«

Die Sexualität kann auf Dauer natürlich nur überleben, wenn sie auch stattfindet. Das ist trivial, aber geht im Alltag leicht unter, wenn das morgendliche Joggen nicht auch mal zu Gunsten der Sexualität aufgegeben wird. Aber nicht nur das erotische Leben braucht Zeit. Liebe braucht Zeit.

Eine Liebesbeziehung hat es schwer in unserem beschleunigten, zeitoptimierten Lebensstil mit übervollen Terminkalendern, Zeitmanagement, Effizienzstreben und 60-Stunden-Wochen. Auch aus Zeitgründen findet schon die Partnersuche immer häufiger online statt. Und gesellen sich dann noch die zeitintensivsten Wesen des Planeten dazu, Kinder, ist die Paarzeit ein vom Aussterben bedrohter Zustand.

Zeit ist die leicht übersehene Grundlage jeder guten Beziehung. Denn Nähe lässt sich schwer planen. Wir brauchen Zeit miteinander, um uns aufeinander einzustimmen, um die emotionale Verbindung zu erhalten und in Gesprächen zu vertiefen. Wir brauchen die kleinen Fluchten. Das gemeinsame Wochenende, an dem das Smartphone stumm bleibt. Aber genauso die Zeit am Küchentisch, in denen wir teilen, was wir am Tag erlebt haben. Natürlich ist es effektiver, nicht gemeinsam zu kochen und abwechselnd zum Elternabend zu gehen. Aber auch der gemeinsam geschobene Einkaufswagen festigt unser Gefühl, nicht alleine durchs Leben zu gehen.

Zeit für den Partner zu haben, ist aber nicht nur wichtig, um gemeinsam die Welt zu erleben und einander zu erleben. Zeit für den anderen zu haben bedeutet auch: »Ich bin für dich da. Du bist mir wichtig.« Selbstverständlich begreifen wir, dass unser Liebster nach der Übernahme seiner Firma besonders gefordert ist. Aber unsere Gefühlswelt erreicht das nicht. Wir fühlen uns trotzdem alleingelassen, unwichtig und nicht begehrt.

Eltern geben sich alle Mühe, mehr Zeit für ihre Kinder zu haben, weil sie wissen, dass die Kleinen sich sonst ungeliebt fühlen. Dass der erwachsene Liebespartner dies genau so erlebt, lassen wir oft nicht an uns heran. Zeitmangel verletzt immer wieder den Wunsch, das Wichtigste im Leben des anderen zu sein. Und in Krisenzeiten wird die fehlende Zeit füreinander dann vollends zum Beziehungskiller. Wir erleben die Abwesenheit des Partners jetzt als Desinteresse. Als Beweis, dass wir ihm nicht mehr das bedeuten, was wir ihm bedeuten möchten. Dass ihm alles andere wichtiger ist als wir. Wenn wir jetzt erst recht in die Arbeit fliehen, um den Klagen des Partners zu entkommen, entsteht ein Teufelskreis, an dem eine Beziehung zerbrechen kann. Wir brauchen Zeit für die Liebe, denn Liebe braucht Zeit.

SCHULD HAT, WER SCHULD SUCHT

Der dritte Schmerz kam, als Bernd sagte: »Hör auf! Du bist doch selbst schuld. Du hast mich doch zuerst angegriffen!« Den ersten Schmerz spürte sie, als sie auf den Küchenboden prallte. Den zweiten, als sie fassungslos begriff, dass Bernd die Grenze zum körperlichen Angriff überschritten hatte. Den dritten, als sie endlich, Stunden später, miteinander sprachen, und er ihr die Schuld gab. Ja, sie hatte ihn angebrüllt, sie war ganz nah an ihn herangetreten. Aber das gab ihm doch nicht das Recht, sie so heftig zu stoßen. Aber Bernd blieb dabei. Bei ihm könne sie ihre Schuld nicht abladen.

Schuld erleben wir, wenn wir jemandem geschadet oder die Regeln des Zusammenlebens gebrochen haben. Schuld ist wie ein Wächter. Der darüber wacht, dass wir unseren Platz in der Gemeinschaft behalten. Er warnt uns, wenn wir etwas tun, was »verboten« ist. Schuld ist ein mächtiger Affekt, eine psychische Großmacht. Denn wir leben in einer Schuldkultur. Nach christlichem Verständnis kommen wir schon mit einer Urschuld beladen auf die Welt. Und wenn auf dem neuen Sofa Kuli-Spuren sind, dann wird in der Familie geforscht, wer daran »Schuld« hat.

Doch in der Frage nach Schuld liegt keine Antwort. Ein

Paar befindet sich in einem ständigen Prozess des Aushandelns miteinander. Wer plötzlich mit Sexspielzeug im Bett auftaucht oder sich ohne Absprache ein Auto bestellt, der überschreitet vermutlich Grenzen. Sie müssen neu festgelegt oder gefestigt werden. Wir befinden uns ständig in einem Kreislauf der Interaktion, in der sich eine Reaktion aus der vorhergehenden ergibt. Das Verursacherprinzip einseitiger Schuld darüberzulegen, wird dem Paarleben nicht gerecht.

In Beziehungen geht es um Verantwortung. Wir können geradezu sicher sein, dass es um Verantwortung geht, wenn es in einer Beziehung plötzlich um Schuld geht. Jeder hat einen Anteil an dem, was in einer Beziehung geschieht. Diesen eigenen Anteil anzuerkennen, die Verantwortung dafür zu übernehmen und nachzuvollziehen, was unser Verhalten im anderen ausgelöst hat, das ist es, wonach wir in unseren Beziehungen suchen. Nach dem wahren Schuldigen zu forschen, ist im wahrsten Sinne des Wortes verlorenen Liebesmühe.

Bernd hat die Verantwortung, dass er handgreiflich geworden ist. Möchte er, dass alle Konflikte jetzt so ausgetragen werden? Oder wehrt er nur eigene Schuldgefühle ab? Indem er sich hinter dem »Ich bin ja nur so, weil du so bist« verschanzt. Auch Elena muss ihre Verantwortung übernehmen – ohne dass das ein Freibrief für Bernds Verhalten wird. Sie ist bedrohlich, wenn sie emotional so loslegt. Doch vor allem muss derjenige, der beginnt, mit Schuld zu argumentieren, die Verantwortung dafür übernehmen, dass er eine Klärung jetzt unmöglich macht.

Über die eigenen Schuldgefühle zu sprechen ist wichtig. Auch über die Schuld, die wir dem anderen geben wollen. Schuld beschäftigt uns, es ist nicht leicht, sich von ihr zu lösen. Aber in einer Liebesbeziehung ist Schuld nicht die Frage.

WER DEN PARTNER KENNT, VERKENNT IHN

Die Kinder spielen im Wasser und große Hunde springen um sie herum. Ulrich, der Vater, spielt weiter mit den Wellen. Sabine, die Mutter, sieht das und beginnt einen lautstarken Streit mit der Hundehalterin. Dann geht die Sonne unter, die Kinder sind müde und die Eltern streiten sich die ganze Rückfahrt darüber, wer sich falsch verhalten hat. Was war geschehen?

Wir nehmen nie objektiv wahr. Wie wir die Welt erleben, ist stets durch unsere persönlichen Erfahrungen gefärbt. Der andere ist deshalb nie der andere, sondern immer unser Bild vom anderen. In langjährigen Liebesbeziehungen ist das ein großes Problem. Denn wir glauben, unseren Lebensgefährten immer besser zu kennen. Doch je fester wir davon überzeugt sind, umso weniger wahr ist es.

Unser Gehirn vereinfacht. Wir schaffen Kategorien, mit deren Hilfe wir unser Erleben ordnen. Wir suchen nach Gewissheiten, auf die wir uns verlassen können. Und natürlich machen wir das auch mit unserem Partner. Niemanden beobachten wir so intensiv. Über keinen anderen machen wir uns so viele Gedanken. Seine Gewohnheiten beginnen uns aufzufallen. Und bald glauben wir zu wissen, wer er ist. Wir sind fest davon überzeugt, seine Persönlichkeit erkannt zu haben. Und unser Partner hat kaum noch eine Chance, anders wahrgenommen zu werden. Neue Informationen nehmen wir nicht mehr auf. Alles, was er tut, interpretieren wir auf Grund unserer trügerischen Gewissheit, genau zu wissen, wie er tickt. Und das taten auch Sabine und Ulrich.

Sabine glaubte zu sehen, dass Ulrich die Kinder nicht schützte. Schließlich fühlte sie sich auch oft nicht von ihm beschützt. So wie er die Kinder allein ließ, so egozentrisch und unaufmerksam, genau so empfand sie ihn oft. Deshalb wurde sie selbst aktiv und sprach die Hundebesitzerin an, die aber äußerst aggressiv und unwirsch auf Sabines Bitte, die Hunde zurückzupfeifen, reagierte. Weshalb dann ein Streit entstand. Sabine war nicht einmal mehr überrascht, dass Ulrich ihr auch dabei nicht zu Hilfe eilte.

Ulrich hatte die Ängstlichkeit der Kinder beim Baden wohl bemerkt. Er wollte sie aber erleben lassen, dass die Hunde nicht gefährlich waren. Als er seine Frau dann im aufgeregten Disput mit der Hundehalterin sah, war er sicher, dass Sabine die Frau gerade genauso heftig angefaucht hatte, wie sie das immer mit ihm tat. So kannte er sie schließlich, aggressiv und streitlustig. Und so war es sicher auch ein wenig Rache, ihr nicht zur Hilfe zu eilen.

Die Karte ist nicht die Landschaft. Und das Bild, das wir von unserer Lebensgefährtin haben, ist nicht die Lebensgefährtin selbst. Seit einigen Jahren ist Meditation angesagt. Das Training der Achtsamkeit. Wenn wir unsere Partnerschaft ernst nehmen, ist sie ein ständiges Achtsamkeitstraining darin, unseren Liebespartner immer wieder neu zu erleben. Und ihn nicht hinter unseren Vorstellungen verschwinden zu lassen. Wenn wir glauben, wir kennen unseren Partner, dann verkennen wir ihn nur allzu leicht.

WENN NICHT JETZT, WANN DANN?

»Wir reden ja nur miteinander, wenn wir bei Ihnen sind.« Frau F. blickt vorwurfsvoll auf ihren Partner, dessen Gesichtszüge etwas härter werden. »Direkt nach der letzten Sitzung hatten wir keine Zeit mehr zu reden. Und danach habe ich erst mal gewartet. Aber von dir kam nichts. Du hast dich jeden Abend an den Computer verzogen.« Frau F. schaut erwartungsvoll auf Herrn T. Und als der weiter schweigt, sagt sie: »Ich bin so sauer, dass ich immer alles ansprechen muss. Und alles, was von dir dann kommt, ist, dass ich doch sehen könne, dass du jetzt keine Zeit hättest.« Herr T. ruckelt sich im Sessel zurecht und sagt dann: »Na, so war es aber auch nicht. Ich weiß auch, dass wir reden müssen. Aber ich habe ja auch ein Leben. Und es kann nicht immer alles so laufen, wie du es dir gerade vorstellst. Wenn ich die Steuer nicht gemacht hätte, wäre das echt teuer geworden.«

Sie sind jetzt beide ärgerlich. Und beginnen einander Vorwürfe zu machen. Ich unterbreche sie: »Und dabei blieb es dann?« Sie nicken. Und ich schlage ihnen die »Wenn-nicht-jetzt-wann-dann«-Regel vor.

Viele Paare beklagen, dass sie außer über Alltagskram nicht miteinander sprechen. Häufig scheitern die Versuche, miteinander ins Gespräch zu kommen, schon allein daran, dass das Paar nie den richtigen Zeitpunkt dafür findet.

Natürlich scheitern sie nicht am richtigen Zeitpunkt. Weil es den nicht gibt. Wir alle haben zu wenig Zeit, um all das zu tun, was uns lieb und wichtig ist. Die Partner müssten sich dafür entscheiden, dem Gespräch miteinander Vorrang zu geben, es so wichtig zu nehmen, wie es ist. Dagegen steht die Sorge, dass das Gespräch doch wieder nur im Streit endet. Wer sich ungeliebt fühlt, möchte nicht noch mehr Kritik und Entwertung erleben. Und Partner, die sich ohnehin dominiert fühlen, wie Herr T., wollen nicht schon wieder nachgeben.

So entsteht das schweigsame Nebeneinander und wird immer unerträglicher. Aber sobald ein Partner Mut fasst und sprechen will, gerät das Paar wieder in den gleichen Teufelskreis von Anfrage und Ablehnung. Häufig wird dabei argumentiert, dass ja jeder frei über seine Zeit verfügen können und nicht immer Interesse an einem Gespräch haben muss. Stimmt! Aber der Partner hat auch das Recht auf ein Gespräch, um Gefühle und Anliegen zu klären.

Um nicht endlos in dieser Spirale gefangen zu sein, besagt die »Wenn-nicht-jetzt-wann-dann«-Regel, dass jeder das Recht hat, nicht sofort sprechen zu wollen. Dass er aber gleichzeitig einen alternativen Zeitvorschlag macht. »Ich habe jetzt wirklich nicht den Kopf dafür frei, lass uns morgen Abend darüber sprechen.« Und dass das Paar dann konkret Zeit und Ort dafür zu vereinbart.

Wenn Paare diese Regel ernst nehmen, fühlt sich der Aufgeforderte nicht so dominiert, und der Fordernde nicht so ausgeliefert. Es ist noch längst nicht die Lösung ihres Konflikts. Aber es besteht eine Chance, wenn es kein »Jetzt nicht!« mehr ohne ein »Wann dann?« gibt.

EIN KOMPROMISS IST KEINE SELBSTAUFGABE

Axel und Dee sitzen im Kino. »Fokus« mit Will Smith, den sie als Schauspieler beide nicht besonders mögen. Und den Film mag auch keiner von beiden sehen. Eigentlich. Aber sie halten tapfer Händchen, kichern vor sich hin, gehen noch ein Bier trinken, befinden den Film für ganz nett und vergessen ihn doppelt so schnell, wie sie ihn geguckt haben. Eine Woche später wollen sie wieder ins Kino. Dee schlägt »Fifty Shades of Grey« vor, und Axel flippt sofort völlig aus. Wie sie ihm das ernsthaft vorschlagen könne. Wo er doch schon mit Will Smith den Mega-Kompromiss eingegangen sei. »Den hast du doch selbst vorgeschlagen. Was geht denn jetzt ab?« hält Dee dagegen. Und sie haben einen fetten Streit.

Dee, so stellt sich heraus, wollte bereits letzte Woche das weichgespülte Sado-Maso-Drama sehen. Und Axel hätte gerne »Honig im Kopf« gesehen. Doch weil er wusste, dass Dee nicht auf Till Schweiger steht, und sie wusste, dass Axel »Fifty Shades of Grey« eher für einen »Mädelfilm« hielt, hatten sie beide auf ihren Wunsch verzichtet. Sie waren einen Kompromiss eingegangen. Aber es war ein fauler, denn es war ein heimlicher Kompromiss.

Kompromisse in der Partnerschaft sind unumgänglich. Die

Grundformel für Kompromisse ist simpel. Jeder gibt auf, worauf er verzichten kann. Und jeder setzt durch, was ihm besonders wichtig ist. Absehbar kommt es dabei zu Härtefällen, wenn Wichtiges auf Wichtiges trifft. Aber ein Kinobesuch ist eigentlich kein Härtefall. Doch Dee und Axel hatten gespürt, dass sie einen Kompromiss brauchten. Und sich beide in der Überzeugung, überlegen zu sein, großzügig geopfert. Dee dachte, dass es ihr leichter fiele zu verzichten als Axel. Und Axel hielt Dee für viel abhängiger von ihren Wünschen als sich selbst. Ihr Streit entstand, als sie plötzlich gegenseitig einklagten, dass jetzt aber mal der andere an der Reihe sei, sich kompromissbereit zu zeigen. Sie hatten einen Kompromiss mit sich selbst geschlossen, aber nicht miteinander.

Doch wir können einen Kompromiss nur gemeinsam finden. Wir müssen ihn miteinander aushandeln. Und das geht nur, wenn wir unsere eigenen Wünsche und Bedürfnisse offen vertreten. Wenn wir uns zurücknehmen, ohne es auszusprechen, und sei es aus noch so liebevoller Absicht, dann fühlt es sich wie ein Kompromiss an. Es ist aber keiner. Dann weichen wir nur angstvoll möglichen Konflikten aus, um die Beziehung nicht zu belasten. Doch das geht nach hinten los. Und wird bei existentiellen Entscheidungen dramatisch, beim Umzug in eine andere Wohnung oder der Entscheidung für ein weiteres Kind etwa.

Es gilt, eine Entscheidung zu finden, hinter der beide wirklich stehen. Das Wort Kompromiss leitet sich vom lateinischen Wort »compromittere« her, was »sich gegenseitig versprechen« bedeutet. Das ist doch ganz wundervoll. Versprechen wir uns gegenseitig, Kompromisse nicht einseitig einzugehen. Selbst wenn wir dann manchmal keinen finden werden. Denn ein Kompromiss ist keine Selbstaufgabe.

DIE LIEBE IST KEIN BÜRO

»Weißt du was?«, sagt sie schließlich, »ich bin verdammt noch mal deine Ehefrau und nicht deine Sprechstundenhilfe!« Herr H. guckt etwas verdutzt und stammelt, dass er das ja auch nie behauptet habe. Aber wenn er abends nach Hause komme, nachdem er dreißig Klienten in drei Behandlungszimmern bespielt hat, und sich Mülltüten an der Haustüre stapeln, das Wohnzimmer mit Legosteinen gepflastert ist, und seine Hemden immer noch in der Wäscherei sind, dann sei er schon irritiert.

Frau H., die mit einem netten Sinn für Zynismus ausgestattet ist, erwidert, dass sie abends natürlich nur so fertig sei, weil sie endlos Cappuccino-Tassen gestemmt habe. Und nicht noch einen Haushalt organisiert, mit dem Klempner gestritten und die Hausaufgaben zweier unwilliger Schulkinder überwacht hat. Und ich denke dazu: Die Liebe ist kein Büro. Und eine Familie schon gar nicht.

Je traditioneller die Rollen verteilt sind, je mehr Mama Haus und Kinder betreut und Papa die Kohle ranschafft, desto größer ist meist das Unverständnis füreinander. Aber auch dort, wo beide arbeiten und gemeinsam Haushalt und Kinder versorgen, gehen sich Partner auf die Nerven, weil sie einander

Vorschläge machen, wie alles besser zu bewältigen und zu organisieren sei. Doch jeder hat seine Art, Wäsche aufzuhängen oder aufzuräumen, die wir einander lassen müssen. Und jeder findet andere Dinge wichtig. Kinderzimmer aufräumen oder lieber Laterne gehen? Den Getränkevorrat updaten oder abgefahren kochen? Und drittens, und das ist das Entscheidende, können wir unsere Beziehungswelt nicht effizient gestalten.

In der Berufswelt werden Ziele aufgestellt, notwendige Maßnahmen ergriffen, Abläufe koordiniert, Ergebnisse kontrolliert und Qualitäten gemanagt. Das allgegenwärtige Effizienzdenken ist uns mittlerweile so selbstverständlich, dass wir es auf alle Lebensbereiche übertragen. »Irgendwas stimmt doch mit deinem Familienmanagement nicht«, formulierte es ein durchaus liebevoll gestimmter Mann gegenüber seiner völlig erschöpften Frau. Aber was nicht funktioniert, ist die Idee, dass Familien und Liebesbeziehungen zu managen seien. Eine Familie ist McKinseys Alptraum. Und die beste Beziehung ist und bleibt unberechenbarer Murks. Wann der Partner besondere Zuwendung braucht, die Tochter trotzig den ganzen Laden aufmischt oder der Sohn Fieber bekommt, ist nicht auszurechnen. Und wenn es das Ziel ist, dass alle glücklich sind, dann weiß der beste Coach nicht, wie das auch nur annähernd zu erreichen sei.

Wir werden eher unsere Kinder abschaffen oder zumindest unsere Liebe für sie, als in qualitätsgemanagten Beziehungen mit TÜV-Zertifikat zu leben. Wer das bezweifelt und immer noch hofft, dass seine Partnerschaft irgendwann reibungslos funktioniert, und das sind vorrangig Männer wie zum Beispiel Herr Dr. H., die abends feststellen, was tagsüber alles nicht geklappt hat, dem empfehle ich, Haushalt und Kinder vier

Wochen lang vollständig zu übernehmen. Dann wird auch ihm klar, dass eine Familie und die Liebe, die in ihr lebt, kein Büro sind.

AN DER QUELLE IST DER FLUSS AM REINSTEN

»Aber damals waren wir ja auch gerade frisch verliebt«, lachen Paare, als hätte es keinerlei Bedeutung mehr, was dort in grauer Paar-Vorzeit geschah. »Mein Gott, fand ich ihn aufmerksam!«, sagt die Frau und schüttelt dabei den Kopf, als wolle sie die Erinnerung lieber abschütteln. Unsere Verliebtheit ist ganz schön in Verruf geraten. Wir betrachten sie mittlerweile als eine Phase, in der wir nicht zurechnungsfähig sind. Sondern uns im Delirium befinden. Starke Hormone lösen eine Art geistiger Umnachtung aus. Und wir besitzen noch die Urteilsfähigkeit eines hungrigen Kleinkindes in einer Süßwarenabteilung. Die Biologie will, dass wir uns paaren. Und photoshopt uns deshalb ein menschliches Durchschnittsexemplar zum Traumprinzen. Alles Illusion, eben Wolke Nummer sieben. Wir schweben. Und dann stürzen wir zurück in die Wirklichkeit.

Doch wenn wir unsere Vergangenheit so entwerten, dann schaden wir unseren Beziehungen. Statt unsere erste Zeit zur Kraftquelle werden zu lassen, werfen wir sie auf den Müllhaufen unserer Paargeschichte. Die amerikanischen Familientherapeuten Barry Dym und Michael Glenn betonen, dass nicht alles Illusion und romantische Verklärung ist. Sondern die erste Zeit eines Paares sei wie ein Initiationsritus, »ein Meilenstein der Veränderung im Leben der meisten heute lebenden Menschen«. Wir sind verändert. Wir kommen unserem idealen Selbst, also dem, wie wir sein möchten, so nah, wie vermutlich sonst nie wieder. Es ist keine Illusion. Wir sind in Höchstform.

Später, wenn wir enttäuscht sind voneinander und uns missverstehen, sehen wir die Schwächen und das Unvermögen unseres Partners überdeutlich. Und es fällt uns schwer, uns ihm gegenüber zu öffnen und auf ihn zuzugehen. Dann kann es hilfreich sein, die Gefühle von damals wieder zu wecken, uns zu erinnern. An ihre selbstbewusste Art, uns zu begegnen, an seinen Humor, der uns aufhob, ohne uns lächerlich zu machen.

John Gottman hat herausgefunden, dass die Art, wie ein Paar seine gemeinsame Geschichte erzählt, die sicherste Voraussage für den Fortbestand einer Beziehung erlaubt. Wenn ein Paar sowohl seinen Gründungsmythos, also durch welche besonderen Umstände sie einander gefunden haben, wie auch die gemeinsam verbrachten Jahre als eine negative, banale, zufällige und wenig erbauliche Geschichte präsentiert, kündigt es das Ende der Beziehung an.

Zufriedene Paare sind stolz auf ihre gemeinsame Geschichte, darauf, Hindernisse gemeinsam gemeistert zu haben. Es liegt an uns, welche Erzählung wir von uns erschaffen.

Unsere Erinnerungen sind keine Videotapes, sie verändern sich durch jedes Erinnern. Unsere Geschichte als Paar ist eine Erzählung, an der wir uns wärmen können, wenn es zu frostig zwischen uns wird. An der Quelle ist ein Fluss am reinsten. Dorthin sollten wir immer mal gemeinsam gehen und in der Erinnerung an uns in Höchstform baden.

IV

LIEBESVORSTELLUNGEN

Die naiven Träume vom Glück

»Herr Holzberg, was ist das Geheimnis einer glücklichen Partnerschaft?« Diese Frage! – Obwohl doch jedem klar sein sollte, dass es kein Geheimnis gibt. Oder wird vermutet, dass die Paartherapeuten vielleicht doch den Schlüssel zum ewigen Paarglück besitzen und nur nicht damit herausrücken, weil sie ihre Klienten nicht verlieren wollen? Die Frage nach der Glücksformel kommt so hartnäckig, weil die Aufforderung, glücklich zu sein, wie ein Fluch auf uns allen liegt. Wir unterliegen der Pflicht zum Glücklichsein. Wir sind schon deshalb die meiste Zeit unglücklich, weil wir es nicht schaffen, glücklich zu sein. Die verzweifelte Suche, das ständige Streben nach Glück ist mittlerweile eine sprudelnde Quelle für unser Unglück.

Selbstoptimierung ist der Grund, weshalb wir am Glück festkleben. Soziologen beschreiben, dass wir ständig damit beschäftigt sind, uns zu verbessern. Die Welt ist ein Markt. Und wenn wir uns dort durchsetzen wollen, muss unsere Ware Abnehmer finden. Dummerweise sind wir selbst die Ware. Deshalb machen wir das Beste aus uns. Wir lernen und trainieren, lassen uns coachen. Wir zerren an den Seilzügen im Fitness-Studio, rufen nach der Botox-Spritze, legen uns zur Psychoanalyse hin. Wir haben unser Schicksal selbst in der Hand, so die Illusion. Und: Wenn es schlecht läuft, dann ist es unser Versagen. Wer die Gesellschaft für etwas verantwortlich macht, der wird schief angesehen, als wolle er sich herauswinden, die Schuld von sich abwälzen. Wir übernehmen die ganze Verantwortung. Und wir schwören uns darauf ein, optimistisch zu denken, positiv zu sein. Jedes Wochenende das dumpfe Sportler-am-Mikrofon-Gefasel. »Wir müssen wieder nach vorne blicken, wieder angreifen, noch mal alles geben.« Aber was die kickenden Multimillionäre und mit Werbeverträgen gepolsterten Top-Athleten da in der medialen Endlosschleife absondern, klingt zwar schmerzlich banal, ist jedoch letztlich genau das, was wir auch von uns selbst ständig fordern. Nur nie zur Ruhe kommen, immer weiter an uns arbeiten.

Es ist ein endloser Prozess. Denn wir wissen ja gar nicht, wie er enden könnte. Denn woher sollten wir wissen, dass uns die Optimierung gelungen ist? Eine Pizza können wir nach ihrem Geschmack beurteilen. Einen Mantel nach seinem Schnitt. Aber unsere Selbstoptimierung? An dieser Stelle kommt das Glück ins Spiel. Sobald wir glücklich sind, so denken wir, machen wir alles richtig. Also sagen uns unsere Glücksgefühle, dass wir dabei sind, das Beste aus uns zu machen. Wenn wir glücklich sind, dann sind wir auf dem richtigen Weg. Glücklich zu sein ist der Beweis, dass unser Leben richtig läuft.

Auf der Liebesbeziehung liegt der Fluch des Glücklich-sein-Müssens ganz besonders schwer. Sobald wir über Beziehungen sprechen, geht es um Glück. Wir durchschnüffeln Beziehungen nach Glück wie gut trainierte Trüffelschweine. Dieser Prinz hat sein Glück gefunden. Jene Leinwandlegende erlebt neues Glück. Und um diesen Mega-Star gibt es Trennungsgerüchte? Hat das Glück sie verlassen? Die Hochzeit soll der glücklichste Tag des Lebens sein, der Partner gleich das personifizierte »Glück meines Lebens«. So als gelte noch immer das Märchenversprechen »Und sie lebten glücklich bis ans Ende ihrer Tage«. Selbst seriöse Paarexperten und –forscher unterscheiden gerne zwischen glücklichen und allen anderen Paaren. Als wäre glücklich nur ein anderes Wort für gut.

Aber wieso diese ultimative Glücksformel: Liebesbeziehung = Glück? Sich genügend bewegen, Freunde treffen, positiv denken, immer Neues probieren, all die Tipps aus der Apotheke des Glücks, scheinen im Vergleich zum Paarglück wirkungslose Hausmittelchen zu sein. Niemand sagt: »Ach, Singlesein lohnt sich echt nicht, dabei wird man auch nicht glücklich.« Denn davon gehen wir ohnehin aus. Liebe führt zum Glück. Und das nicht als Weg, sondern als achtspurige Autobahn. »Die Menschen denken sich das Glück nicht mehr als eine gesellschaftliche Utopie, sondern als persönlichen Erfolg und als erotische Liebe«, so Sven Hillenkamp.

»Du kannst dich ja entspannen, du hast ja schon einen Mann«, antwortete ihre dreizehnjährige Tochter einer Freundin.

Die Mutter wollte ihre Tochter davon abbringen, das Abendessen ausfallen zu lassen. Die Tochter fürchtete, zu dick zu sein. Die Antwort verrät, die Tochter bereitet sich schon auf den Heiratsmarkt vor. In einer Umfrage für eine Partner-Börse gaben 70 Prozent der befragten Studenten eine glückliche Beziehung als eines ihrer wichtigsten Lebensziele an. Den richtigen Partner zu finden, ist eines der wichtigsten Projekte in unseren Leben, mit der höchsten Dringlichkeitsstufe. Meistens noch vor der ersten Million und dem Marathon unter 4:15 Stunden. Denn in der Beziehung wartet das Glück auf uns. Der Psychologe Sam Keen hat schon vor dreißig Jahren gespottet, dass eine glückliche Beziehung so etwas wie das Juwel in der Krone des Kapitalismus sei. Du kannst alles erreichen, so die Botschaft, aber wenn du eine glückliche Beziehung hast, erst dann hast du es wirklich geschafft.

Nun ist nicht zu leugnen, dass die »geglückte« Begegnung mit einem anderen Menschen eine der beglückendsten Erfahrungen ist. Und für viele Menschen tatsächlich das Beste, was ihnen im Leben widerfährt. Der Paartherapeut Jürg Willi schrieb, dass nichts im Leben so förderlich ist wie eine gute Beziehung. Was der Glücksforscher Ed Diener durch seine Forschungen belegt: Beziehungen sind der stärkste Vorhersagefaktor für Freude und Wohlfühlen. Doch dass uns Glückssuchern unsere Liebesbeziehungen als das El Dorado erscheinen, liegt an unserer Vorstellung von der romantischen Liebe. In unserem Modell der romantischen Partnerwahl finden wir durch Glücksgefühle den richtigen Partner. Wir lauern darauf, dass es funkt und die romantische Verliebtheit zuschlägt. Wir bleiben bei dem, der beglückende Gefühle in uns auslöst. Und haben dann die verwegene Vorstellung, dass dieses leidenschaftliche Erleben unsere Beziehung nie verlassen sollte.

Romantische Verliebtheit hat, so die amerikanische Anthropologin Helen Fisher, viel mit Dopamin zu tun. Ein Botenstoff, der uns belohnt, damit wir etwas tun. Wenn wir mit kleinen Kindern spielen und sie haben grandiosen Spaß, könnten wir sagen: sie sind glücklich. Unausweichlich kommt dann der Moment, wo wir nicht mehr »Engelchen flieg« spielen mögen. Und sie dann rufen: »Noch ma'! Noch ma'!« So ungefähr ist Dopamin. Unser Organismus möchte von uns, dass wir es noch einmal damit weitermachen, weil er die Belohnung erwartet. Klingt doch nach Verliebtheit, nach immer wieder wollen. Sex, Kuscheln, Orgasmus, Nähe, Vertrautheit, Haut, Geborgenheit – noch ma'!

Doch in unserem Organismus tritt Gewöhnung ein, die Botenstoffe erschöpfen sich, die Wirkung lässt nach. Diese überschwängliche Art von Glück kann nicht andauern, weil für unser Überleben das Vermeiden des Negativen wichtiger ist. An das Positive gewöhnen wir uns schnell. Glück verbraucht sich selbst. Es ist verhängnisvoll, aus den glücklichen Momenten eine Dauerlösung machen zu wollen. Und uns dann zu grämen, dass Fortuna nicht ausgerechnet unsere kleine Dreizimmerwohnung als Dauerwohnsitz gewählt hat. Glück ist kein Zustand. Glück ist ein begrenztes Erleben.

Erstaunlicherweise besitzen wir bei genauerer Betrachtung ja auch keine klare Vorstellung über den Ablauf einer geglückten, also glücklichen Beziehung. Welche Phasen sie haben sollte, wann das »Glück« leichter zu erreichen sein wird, wie wir handeln müssen, damit es erhalten bleibt. Wir haben nur die Idee, dass es die ideale Verbindung aus leidenschaftlicher körperlicher Anziehung und harmonischen Gefühlen sein soll. Und wir haben gigantische Erwartungen daran, wie es sich anfühlen soll. Wobei wir, genauer betrachtet, lediglich eine diffuse Erwartung davon haben, wie wir uns fühlen möchten. Irgendwie großartig. Und dann erleben wir eine unglaubliche Enttäuschung. Das Gefühl, dass es nicht so ist, wie ein Teil in uns es sich vorgestellt hat.

Die große Erzählung von der glücklichen Liebe fehlt uns nahezu vollständig. Märchen und Hollywoodfilme enden meist dort, wo das Glück gerade beginnt. Mit dem Happy End. Kritische Filme zeigen, wie das Glück abhandenkommt. Aber niemand zeigt uns, wie es bleibt. Darüber besitzen wir kaum Bilder, davon haben wir keine wirkliche Vorstellung. Was nicht verwundert, denn das kleine Glück, das uns wohl offen steht, ist nicht besonders drehbuchtauglich.

Doch wenn die Liebe als Glücksvorstellung ausfällt, woran orientieren wir uns dann?

Wir müssen nicht lange suchen, denn die Liebe selbst ist eine Vorstellung. Eine Übereinkunft, eine unbewusste Abmachung, ein kulturelles Skript. Wir fühlen Liebe. Aber wie wir sie uns vorstellen, was wir von ihr erwarten, mit wem wir sie leben, wie wir sie gestalten und welchen Stellenwert wir ihr in unserem Leben geben, das haben wir aufgesogen aus den Beziehungen um uns herum, aus den Erzählungen, aus den Songs. Es ist ein Spiel, das wir nur spielen können, weil wir beide die Spielregeln kennen. Es gilt als abgemacht, dass wir zwei jetzt die Wichtigsten füreinander sind. Unser »Wir« hat Vorrang vor allen anderen Beziehungen. Als Liebende sind wir offen und ohne Geheimnisse miteinander. Wir vertrauen uns alles an. »Meine Eltern brauchst du nicht kennen zu lernen.« »Am Wochenende bin ich auf Raves, aber das muss dich nicht interessieren.« Das geht nicht. Die Abmachung ist, dass es ab jetzt zwischen uns nichts Trennendes mehr gibt, aber viel Trennendes zwischen uns und dem Rest der Welt. Der Paartherapeut Stan Tatkin hat dafür den Ausdruck »Paarblase« gefunden. In ihr lebt das Paar, außen die anderen. Wir achten darauf, dass die Blase nicht platzt. In der Blase herrschen Gleichheit und Gerechtigkeit. Wir sind füreinander da. Wir können uns alles geben. Jetzt, wo wir uns gefunden haben, beginnt ein neues Leben. Und wir lieben ausschließlich und total. »Ich liebe dich zu ungefähr 60 Prozent.« Das ist nicht vorgesehen. Wir lieben 100 Prozent oder gar nicht. Denn unsere Liebe ist einzigartig.

Doch dieser Kern des romantischen Liebesprojektes ist bedroht. Es fällt uns zunehmend schwerer zu akzeptieren, dass wir schicksalhaft den einzigartigen Partner gefunden haben. Den durch Karma vorbestimmten Seelenpartner finden allenfalls noch Esoteriker. Die Liebe verliert ihren schicksalhaften Charakter angesichts des Überangebots an möglichen Kandidaten. Wir treffen so viele Menschen. Wir vergleichen jeden mit allen anderen, so dass wir in jedem ohnehin immer andere wiederzuerkennen glauben. Und wir haben schon Partner gehabt. Der Sex war echt geiler mit Fred. Die Gespräche tiefer mit John. Handwerklich lag Mike ganz vorne. Die Eltern mochten Klaus am liebsten, der konnte am leckersten kochen. Der jeweils Neue muss mit allen anderen konkurrieren. Es gibt immer ein paar Leerstellen, die er nicht füllen kann. Weil ihm fehlt, was wir schon mal hatten. Irgendwo, mit irgendwem.

Doch unsere Liebesvorstellung entwickelt auch deshalb nicht mehr ihre volle Kraft, weil wir einfach zu informiert und reflektiert sind. Wir haben gelesen, sind gesurft, sind Film-Junkies. Wir sind unser eigener Psychotherapeut, Coach und Fragebogen. In Beziehungsfragen sind wir aufgeklärte Verbraucher.

Liebe hat ein Haltbarkeitsdatum. Wenn die Ehe unserer Freunde scheitert, befällt uns kein ungläubiges Entsetzen. Wir haben es erwartet. Wir gehen davon aus, dass das normale Unglück irgendwann Einzug hält. Die Leere und Lieblosigkeit, und dass die Leidenschaft wie ein benutztes Kondom über der Bettkante hängt. Wir haben die Scheidungsraten im Kopf, die Trennungen in unseren Familien in Erinnerung. Wir selbst waren ja schon einige Male im Fegefeuer der Trennung. Als würden die anonymen Beziehungsskeptiker schon darauf warten, bis sie uns endlich in ihrer Mitte aufnehmen können. »Ich heiße Marie und meine Ehe ist schrecklich.« »Hallo Marie!«.

Trotz Vergleichbarkeit und Skepsis möchten wir aber auf die Chance zu großen Liebesgefühlen nicht verzichten. Aber uns schmachtend selbstlos hinzugeben, uns für den Geliebten aufzuopfern oder uns ihm gar zu unterwerfen, wie es noch im 19. Jahrhundert üblich war, ist uns nicht mehr möglich. In unserer Vorstellung treffen sich zwei eigenständige Menschen. Und stellen Intimität miteinander her, indem sie sich wie hochempfindliche elektronische Geräte aufeinander eintunen.

Deshalb haben wir einen Weg gefunden, um fatale Skepsis und glühenden Liebesfanatismus zu vereinen. Wir betrachten die Beziehung als wichtige Herausforderung. Wir mutieren sozusagen zu Banal-Buddhisten: Der Weg ist das Ziel. Es wird schwierig werden, aber das ist gut. Denn wir werden an unseren Herausforderungen wachsen. Der einflussreiche amerikanische Sexual- und Paartherapeut David Schnarch geht so weit, eine Liebesbeziehung als »people-growth-machine« zu bezeichnen. Sie ist schwierig, damit wir daran wachsen können. Konflikte und Enttäuschungen sind kein Grund, frustriert zu sein. Im Gegenteil. Sie existieren nur, weil wir uns weiterentwickeln sollen. Die Liebesbeziehung wird so zum evolutionär vorbestimmten Ort der Selbstoptimierung.

Liebesbeziehungen sind eine Herausforderung. Jeder erlebt das. Dass wir genau an den richtigen Partner geraten, damit wir innerlich weiter wachsen: Diese Idee ist eher ein Versuch, das Schicksalhafte nicht aufgeben zu müssen. Und aus dem herzzerreißenden Gefühlschaos, in das uns moderne Liebesvorstellungen stürzen, noch das Beste zu machen. Tatsächlich ist unsere Liebesvorstellung ein Puzzle. Und wir besitzen nicht einmal alle Teile, um das Bild je vollständig zu machen. Lieben heute bedeutet Learning by Doing. Es findet statt, während wir um unsere Gefühle in der Liebesbeziehung ringen.

Doch dabei stoßen wir auf ganz andere Puzzleteile. Liebesvorstellungen, die aus einem anderen Bild stammen. Sie fallen erst auf, wenn sie im Bild unserer Beziehung keinen Platz finden.

»Du lässt dich gehen«. Charles Aznavours unsterbliches Chanson beschreibt, wohin eine Liebesvorstellung führen kann. Die Vorstellung, dass die Liebesbeziehung der Ort ist, an dem wir endlich so sein können, wie wir sind. Authentisch, unverstellt. Weil wir dafür geliebt werden, wer wir sind. Weil wir uns mit dem anderen zu Hause fühlen, glauben wir, endlich loslassen zu können. Füße auf den Tisch, Nase popeln, oller Lieblingspulli, ungeschminkt, ungekämmt. Das Protestgeheul des Partners lässt nicht lange auf sich warten.

Wir heulen auch auf, wenn unsere Erwartung sich nicht erfüllt, dass wir mehr Kraft, Energie und Lebensfreude aus einer Beziehung herausholen, als wir hineineinstecken. Die zweckrationale Rechnung, dass wir nur da investieren, wo wir gewinnen, geht in Liebesbeziehungen nicht auf. Die diesem Kapitel folgenden »Sätze der Liebe« behandeln einige dieser unbewussten Liebesvorstellungen. Sie sind mir in meiner Praxis begegnet. Jede für sich erscheint sonderbar naiv. Wie können Menschen in Beziehungen Liebsein und Liebe verwechseln? Wie annehmen, dass jeder Liebe auf die gleiche Weise äußert? Und wieso scheinen wir häufig solche naiven, kindlich anmutenden Vorstellungen über unsere erwachsenen Beziehungen zu haben?

Bevor Laura oder Lea, Tim oder Justus in unser Leben traten, haben wir schon geliebt. Wir liebten Oma, unseren großen Bruder, Chico, unseren Hund, und vor allem Mama und Papa. Aber wir waren damals Kinder, und unsere Liebesbeziehungen waren nicht gleichberechtigt. Elternliebe schummelt. Mama tut alles für ihren kleinen Fratz, sie ist immer für ihn da, sie gibt ihren Schlaf und ihre Club-Abende für ihn auf. Sie bewundert ausgiebig seine Kritzeleien, spielt geduldig seine langweiligen Spiele. Eltern geben den Kleinen das Gefühl, die Größten zu sein. Als Liebende bleiben wir leicht in unserer Kinderrolle hängen. Unbewusst erwartet ein Teil von uns, dass es so weitergeht, wie es mal war. Bestenfalls! Denn wer nicht das Privileg einer behüteten Kindheit hatte, findet noch schwerer zu einer erwachsenen Liebe. Wem es an Zuwendung gemangelt hat, besitzt nur Vorstellungen darüber. Idealbilder, Wünsche und Fantasien ersetzen die Erfahrung. So entstehen unbemerkt übersteigerte Vorstellungen. Unbewusst erwartet man dann vom liebenden Partner, dass er sich wie eine Mischung aus Weihnachtsmann und Butler verhält. Er soll alles wahr werden lassen, wonach wir uns sehnen. Doch dass die Liebe alles erfüllt und heilt, ist eine Erwartung, die schnell in tiefe Enttäuschung und großen Schmerz umschlägt. In unseren Liebesbeziehungen machen wir dann die seltsame Erfahrung, dass auch die Liebe erwachsen werden muss.

Neben der Erwartung von ewigem Glück und magischer Wachstumsprozesse bevölkern weitere naive Illusionen unsere Vorstellung von der Liebe. Wenn sie also so schwierig ist, vielleicht sollten wir sie dann ganz vergessen und lieber das Modell »Freundschaft plus« leben? Gute Freunde sein und wenn uns danach ist, einfach auch mal Sex miteinander zu haben? Doch wie schnell vergeht jede Freundschaft plus, wenn wir dann doch in die Amefi-Falle geraten – »Alles mit einem für immer«.

Wir überfrachten unsere Liebesbeziehungen notwendigerweise. »Was früher ein Dorf tat, soll jetzt einer tun«, sagt die Paar- und Sexualtherapeutin Esther Perel. Aber nicht einmal das stimmt mehr. Einer soll jetzt sein, was eine Großstadt bieten kann, vielleicht sogar das globale Dorf, zu dem die Welt immer mehr schrumpft und in dem wir uns immer freier bewegen. Was früher feste Gemeinschaften trugen, kann uns ein Liebespartner allein nicht geben. Deshalb sind Freundschaften zu anderen überlebenswichtig für eine Liebesbeziehung. Ein

Paar ist keine Insel. Andere sind unverzichtbar. Wir können nicht alles, was wir im Leben brauchen, bei einem Partner finden.

Vielleicht reicht es ja für den Anfang, uns zu befragen, welche Vorstellungen wir denn von der Liebe haben. Und uns das immer wieder zu fragen. Droht gerade unsere Liebe zu scheitern, oder nur unsere Vorstellung von ihr? Dann muss unsere Vorstellung an der Liebe scheitern. Liebe Vorstellung, leider taugst du für die Liebe nicht!

Der Psychiater Thomas Szasz sagte in einem Interview: »Glück ist ein illusionärer Zustand, der früher von den Lebenden den Toten zugeschrieben wurde, und jetzt gewöhnlicherweise von Erwachsenen Kindern und von Kindern Erwachsenen zugeschrieben wird.« Und, können wir hinzufügen, von Paaren anderen Paaren – oder jedenfalls dem Traumpaar, das irgendwo in unserer aller Phantasie herumspukt. Es scheint für uns unerträglich, Beziehungen so anzunehmen, wie wir sie erleben. Widersprüchlich, stets in Bewegung, nicht lösbar, unvollständig, ein Rätsel. Können wir akzeptieren, dass keine Vorstellung zu haben auch eine Vorstellung ist?

VERSTEHEN HEISST NICHT, EINVERSTANDEN ZU SEIN

»Es ist doch nicht so schlimm«, sagt Andreas. »Dann machen wir uns eben einen schönen Abend.« Andreas möchte den Arm um Silke legen. Ihre Freunde, mit denen sie ausgehen wollten, haben kurzfristig abgesagt. Silke trifft das sehr. Sie weint schon eine ganze Weile. Aber Andreas findet es wirklich nicht schlimm. Und deshalb sagt er den Satz, der den schönen Abend endgültig killt: »Ich verstehe echt nicht, wieso dich das so mitnehmen kann.« Noch mehr Tränen, Wut, Geschrei. Andreas endet als »uneinfühlsamer Gefühlskrüppel« und Silke als »egozentrischer Kontrollfreak«. Vor allem aber enden beide in dem schrecklichen Gefühl, überhaupt nicht verstanden zu werden.

»Du verstehst mich nicht!«, ist die häufigste Verzweiflung in Liebesbeziehungen. Und die entsetzlichste. Denn wir halten es nicht aus, wenn der wichtigste andere nicht versteht, wie wir uns fühlen. Wenn er nicht begreift, was in uns vorgeht. Jedes Kind weint vor Einsamkeit und Verzweiflung, wenn die Eltern sich nicht in seine Bedürfnisse einfühlen. Und als Erwachsene erleben wir die gleiche Verzweiflung und Einsamkeit, wenn wir uns nicht verstanden fühlen. Alleine, das steckt tief in unseren Genen, können wir nicht überleben.

Einander zu verstehen oder, wie es in der Psychologie heißt, empathisch miteinander zu sein, ist so bedeutsam, dass wir dafür spezielle Spiegelneuronen in unserem Gehirn besitzen. Sie ermöglichen es, uns in andere hineinzuversetzen. Wenn wir jemand weinen sehen, empfinden wir seine Trauer mit. Aber im Streit überdecken unsere eigenen Gefühle unser Mitgefühl. Und selbst wenn wir das Gefühl des anderen an uns heranlassen, haben wir es noch lange nicht verstanden.

»Verstehen heißt nicht, einverstanden sein«, kann dann die Einsicht sein, die uns weiterhilft. Denn auch wenn wir ganz anderer Meinung sind und die Gefühle unseres Liebsten uns so fremd sind, dass sie tatsächlich vom Mars stammen könnten, wir können einander immer verstehen.

Andreas muss nicht so enttäuscht sein wie Silke. Aber er kann verstehen, dass sie sich in solchen Momenten immer schrecklich ausgeliefert und nicht ernst genommen fühlt. Und Silke muss seine Coolness nicht teilen, kann aber verstehen, dass Andreas kein Gefühlskrüppel ist, sondern gelernt hat, seine Unabhängigkeit nie aufzugeben. Dann können sie auch verstehen, wie verletzend und irritierend sie füreinander waren. Einander verstehen, bedeutet im Paar vor allem zu begreifen, was wir im anderen auslösen.

Es ist schwer, die eigenen Gefühle in die Ablage zu packen, solange wir zu aufgeregt sind. Deshalb müssen wir uns und den Partner in solchen Situationen beruhigen. Eine Pause einlegen, ausatmen, sanfter sprechen. Nicht automatisch reagieren. Unsere Gefühle dimmen und das Großhirn anschalten. Was erlebt unser Partner? Welche Gefühle löst das in ihm aus? Wie erlebt er uns? Weil wir nie sicher sein können, richtig zu verstehen, brauchen wir Feedback. »Ist das so und so bei dir? Verstehe ich das so richtig?«

Das Großartige ist, sobald wir den anderen verstehen, ist er auch bereit, uns zu verstehen. Auch wenn er gar nicht mit uns einverstanden ist.

LIEBSEIN IST KEINE LIEBE

Das Ehepaar M. beherrschte die hohe Kunst des »Kümmering«. War Frau M. erschöpft, dann bettete Herr M. sie auf dem Sofa, umwickelte sie mit Decken und brachte ihr ihren japanischen Lieblingstee. Weil sie Rockmusik nicht so gerne mochte, verzichtete er, der ehemalige Band-Drummer, selbstverständlich auf seine geliebten »Red Hot Chilli Peppers«. Umgekehrt konnte Herr M. sicher sein, dass seine Frau ganz auf seiner Seite war, wenn er unter den Intrigen seiner Vorgesetzten litt: »Och Schatz, natürlich nimmt dich das mit! Das ist ja auch ganz scheußlich von denen. Wie gemein! Ich mach uns erst mal was Schönes zu essen.« Und hing doch einmal der Haussegen schief, dann brachte Herr M. seiner Frau ein kleines Geschenk oder einen riesigen Strauß Rosen mit, und Frau M. tätschelte und streichelte ihn solange, bis sich der Ärger aufgelöst hatte. Das Ehepaar M. war wirklich lieb miteinander. Bis sie sich trennten, weil er Herr M. eine Frau traf, die er viel aufregender fand als seine eigene.

Selbstverständlich ist es großartig, wenn wir liebevoll miteinander sind und uns umeinander kümmern. Der amerikanische Philosoph Harry Frankfurt sieht im Sich-Sorgen um das, was für den Geliebten gut ist, sogar den Kern aller Liebe. Aber

Liebsein reicht nicht, um eine Liebesbeziehung zu leben. Denn im Kern ist Liebsein der Versuch, alles möglichst schnell wieder gut zu machen. So wie kleine Kinder lieb sind, damit ihre Mama nicht mehr böse auf sie ist. Partner, die sich im Liebsein üben, sprechen auch gerne genauso miteinander. Im bemutternden Singsang, mit dem wir Kleinkinder beruhigen.

Tatsächlich ist das Liebsein in der Partnerschaft sogar gefährlich. Für die Liebe. Denn Liebe ist nicht artig und angepasst, sondern ehrlich und mutig. In der Liebe wollen wir den anderen erfahren und ihm begegnen. Im Liebsein wollen wir ihn endlos von uns überzeugen. Wir bringen ihm Kaffee ans Bett, machen ihm einen besonders hübschen Geburtstagstisch und sind so lieb, für ihn die Jacke aus der Reinigung zu holen und ihn zur Arbeit zu fahren, weil wir geliebt werden möchten. Wir loben ihn und sagen ihm, wie viel er uns bedeutet, und streicheln ihn, damit auch wir liebgehabt werden. Nichts an den Dingen, die wir tun, um lieb zu sein, ist an sich verwerflich. Problematisch ist nur, dass wir auch dann lieb sind, wenn uns gar nicht danach ist, weil wir ständig Harmonie erreichen wollen.

In Krisen, so fand der Paarforscher John Gottman, geraten Paare in einen Zustand zunehmender Negativität. Der Partner kann kaum noch positiv erlebt werden, alles an ihm nervt. Paare, die spüren, dass sie sich voneinander entfremden, versuchen häufig genau dann, besonders nett zueinander zu sein. Aber das ist, als würden wir einen angebrannten Kuchen mit einer besonders dicken Schicht Schokoguss überziehen. Es wird nichts besser dadurch, sondern nur das Schlechte verdeckt. Liebsein ist dann der Versuch, die Spannungen aufzulösen, ohne den dafür notwendigen Weg zu gehen: Die Distanz zueinander und die bedrohlichen, schlechten Gefühle anzusprechen. Konflikte zu wagen, um die Enttäuschungen heilen zu können. Wer lieb ist, nur damit wieder alles gut wird, tut niemanden einen Gefallen.

ICH BIN NICHT DU

Kathrin spricht nicht. Kathrin wettert. »Ehrlich, ich konnte ja verstehen, dass du viel arbeiten musstest. Das fand ich schon schwer. Aber wenn du dann endlich mal vier Tage am Stück zu Hause bist und dann bringst du gleich am ersten Abend deinen Arbeitskollegen mit zum Essen, dann …« Paul wirft die Hände in die Luft. »Arbeitskollegen? Zufällig ist er ja auch mein bester Freund!« Aber Kathrin ist nicht zu halten: »Dann frag ich mich wirklich, was mit dir los ist. Willst du unsere Beziehung überhaupt noch?« Sie starrt ihn an. »Wenn ich endlich mal Zeit mit dir haben könnte, würde ich niemals, erst recht nicht an unserem ersten gemeinsamen Abend, meine Freundin mitbringen.«

»Okay, Sie würden das nicht tun«, unterbreche ich sie und betone dabei das »Sie«, »aber was genau wollen Sie Paul damit sagen?« Mir ist schon klar, dass ich provoziere. Aber manchmal werden auch Therapeuten ungeduldig. Und den »Ich an deiner Stelle hätte das nie getan«- Vorwurf höre ich ständig. Und genausooft macht er keinen Sinn.

»Das hätte ich an deiner Stelle nie getan!« ist ja nicht einfach eine wertfreie Feststellung. Sondern ein moralisches Urteil: Richtig ist es so, wie ich es machen würde. Der Beurteilte wehrt sich natürlich sofort dagegen, falsch zu sein. Was zwangsläufig zu dem üblichen, sinnlosen Streit aus Vorwürfen und Rechtfertigungen führt. Eine Variante des moralischen Appells lautet: »Das hätte ich nie von dir gedacht!« Das scheinbare Erstaunen kann nicht verdecken, dass auch hier die Vorstellungen des Anklagenden das Maß aller Dinge sind. Doch dahinter ist auch die Enttäuschung zu spüren, um die es tatsächlich geht.

Zunächst ist es Kathrins Gefühl, Paul nicht wichtig zu sein. In der aber eine noch viel grundlegendere Enttäuschung mitschwingt. Sie erlebt, dass ihr Liebster anders ist als sie selbst. Unbewusst haben wir eine tiefe Sehnsucht, dass unser wichtiger anderer so sein soll wie wir selbst. Eine Art innerer Zwilling, der so denkt wie wir selbst, so fühlt, wie wir selbst fühlen. Dann würden wir uns nie mehr allein fühlen. Wenn wir sehr verliebt sind, baden wir in diesem Einheitsgefühl aus frühen Kindertagen. Wir schweben auf der rosa Wolke der Übereinstimmung und sind uns gewiss, dass unsere Seelen gleichschwingen.

Zurück in der Realität werden wir immer wieder enttäuscht, weil uns unser Geliebter fremd sein kann und befremdliche Dinge tut. Wir sind irritiert, wir protestieren dagegen. Doch es geht darum, unsere Enttäuschung zu spüren. Nicht darum, den anderen anzuklagen. Wenn wir unsere Enttäuschung über seine Fremdheit, sein Anderssein ausdrücken, dann können wir uns einander annähern.

Letztlich suchen wir uns im anderen vergeblich. Wir finden uns nicht in ihm wieder. Aber durch unsere Unterschiedlichkeit reiben wir uns aneinander. Der Philosoph Theodor W. Adorno hat geschrieben: »Liebe ist die Fähigkeit, Ähnliches im Unähnlichen wahrzunehmen.« Auf diesem Wege finden wir zu uns. Ich bin nicht du. Du bist nicht ich. Es ist nötig, dass wir ähnlich sind, um miteinander leben zu können. Aber wir brauchen unsere Unterschiedlichkeit, um zu uns zu finden.

LIEBENDE SIND KEINE HELLSEHER

»Ich verstehe einfach nicht, dass du mich nicht zum Vorstellungsgespräch gefahren hast. Du musstest doch wissen, dass ich nicht alleine hinfahren wollte. Aber wie dumm von mir zu denken, dass ich dir wichtig bin!« Madeleine hat Tränen der Wut und Enttäuschung in den Augen. Dass Thomas nicht wusste, dass es ihr wichtig war? Dass sie ihn ja auch hätte darum bitten können? Das lässt sie nicht gelten. »Wenn ich an deiner Stelle gewesen wäre, ich hätte dich doch nie alleine fahren lassen. Ich weiß wirklich nicht mehr weiter mit uns!« Ich beuge mich etwas vor und sage, was ich mich häufig sagen höre. »Madeleine«, sage ich, »dass Thomas sie liebt, bedeutet doch nicht, dass er hellsehen kann.«

Aber unsere romantische Vorstellung von Liebe ist so absolut, dass wir gar nicht bemerken, dass wir nichts weniger fordern als Hellsehen. Wir erleben, dass uns Liebe widerfährt. Sie verbindet uns auf geheimnisvolle Weise und lässt unsere Wünsche wahr werden. Wenn Beziehungsarbeit nötig wird, dann denken wir, dass es um unsere Liebe schon nicht mehr gut bestellt ist. Liebe erscheint uns also ein wenig wie Weihnachten, nur dass man nicht mal einen Wunschzettel schreiben muss. Wir glauben, Liebe bedeute blindes Verstehen, so wie uns einst Mama und Papa verstanden haben und unsere Bedürfnisse erfüllten. Doch diese Liebe ist eine Illusion. Unsere Eltern haben ihre eigenen Bedürfnisse damals zurückgestellt, und es war leicht für sie, uns Kinder zu verstehen. Denn Gefühle können wir relativ gut vom Gesicht eines anderen ablesen. Es ist also verständlich, wenn wir erst einmal annehmen, dass der Partner unsere Wünsche kennen müsste, ohne dass wir sie äußern. Aber wir verkennen, dass wir keine Kinder mehr sind, denen man jeden Wunsch von den Augen abliest, sondern komplexe Erwachsene, die sich äußern müssen, um verstanden zu werden.

Die Klage: »Wenn du mich lieben würdest, dann wärst du nicht noch vier Wochen vor dem Geburtstermin mit deinem Freund zum Surfen gefahren!« kann eine nie zu überwindende Enttäuschung beschreiben. Oder den Beginn einer wirklichen Beziehung. Nur wenn wir unsere Wünsche deutlich machen, haben wir die Chance, dass der Partner auch darauf eingeht. Wenn wir wieder einmal Blümchensex über uns ergehen lassen, wo wir doch lieber härter angefasst werden möchten, verpassen wir die Gelegenheit, uns zu äußern. Selbst wenn wir es schon einmal gesagt haben sollten. In der komplexen Partnerkommunikation ist einmal tatsächlich oft keinmal. Vielleicht glaubt unser Partner ja, er erfülle unsere Wünsche bereits. Wir können das nicht wissen, denn wir können eben nicht hellsehen. Nur wenn wir den harten Schmerz einer möglichen Zurückweisung und den Frust einer Enttäuschung riskieren, wird sich unsere Beziehung entwickeln.

Abweisendes Schmollen oder heftige Wutausbrüche können Zeichen sein, dass Wünsche verdeckt bleiben. Der Schmollende fordert durch Rückzug, dass der Partner »hellsieht«, wodurch er ihn verletzt hat. Und die Wut auf den Partner kann die eigene Unsicherheit verdecken, überhaupt ein Recht auf eigene Wünsche zu haben. Wut und Schmollen schützen davor, zu verletzbar zu sein. Denn wenn wir unsere Wünsche offen äußern, kann geschehen, was wir immer schon gefürchtet haben: Unsere Wünsche werden nicht immer erfüllt werden. Eine Liebesbeziehung ist eben keine Wunscherfüllungsmaschine, sondern der beste Ort, um erwachsen zu werden.

MEINE LIEBE IST NICHT DEINE LIEBE

»Nach der Geburt des ersten Kindes sinkt die Beziehungs-Zufriedenheit.« Ein statistischer Befund. Sie fühlten es jeden Tag. Die Wohnung chaotisch, sein Job im Aufbau, die neue Elternrolle fordernd. Sie hatten kaum noch Zeit und vor allem nicht füreinander. Sie stritten sich häufig. Und dann ging sie in die Küche und kochte. Aufwendig und lecker. Aber er konnte es nicht genießen. Es machte ihn wütend. Wieso treibt sie so einen Aufwand, wo sie ihm doch dauernd in den Ohren liegt, wie erschöpft sie vom Stillen und allem sei? Er warf ihr »Kocharien« vor. Sie lief dann weinend davon. Eine Zeitlang verstand er nur, dass sie sich zutiefst unverstanden fühlte. Was ihn nur noch wütender machte.

Irgendwann konnten sie ruhiger reden. Über das Kochen und den Unterschied zwischen ihnen. Langsam konnten sie verstehen, dass ihre Liebe nicht seine Liebe war. Er zeigte seine Liebe, indem er ihr etwas vorlas, was ihn berührte. Oder sie massierte. Aber er hätte dazu niemals zum Kochlöffel gegriffen.

Liebe ist vermutlich der unklarste Begriff, den wir kennen. Doch weil das Gefühl der Liebe so eindrücklich ist, gehen wir völlig selbstverständlich davon aus, dass alle Menschen Liebe genauso erleben wie wir.

»Wenn Menschen ›Ich liebe dich‹ sagen, meinen sie unterschiedliche Dinge. Sie werden mit jemandem am glücklichsten, der mit diesen Worten etwas Ähnliches meint wie Sie«, schreibt der Psychologe Robert J. Sternberg, einer der einflussreichsten Liebesforscher. Für ihn setzt sich Liebe aus Intimität, Leidenschaft und Verbindlichkeit zusammen. Und Partnern fällt es leichter, miteinander glücklich zu werden, wenn sie die drei Komponenten ähnlich bewerten. Wer der Leidenschaft die größte Bedeutung gibt, für den ist die Hausputzorgie des Partners nicht die Art von Orgie, durch die er sich geliebt fühlt. Und wem Intimität über alles geht, ist eher irritiert, dass sich die Partnerin dann geliebt fühlt, wenn er ihr bei der Steuererklärung hilft.

»Ich liebe dich!« Sogar die berühmten drei Worte kommen nur an, wenn wir sie auf dem Kanal senden, auf dem unser Liebster empfängt. Im Halbdunkel geflüsterte Liebesbekundungen erreichen jene Partner, bei denen die Liebe durch die Ohren geht. Sie müssen Liebe hören, explizit ausgesprochen. Einen visuell ausgerichteten Partner dagegen lässt das kalt. Er muss Liebe sehen. Auf unserem Gesicht. Einen über das Spüren empfindenden Menschen erreicht beides nicht, wenn er nicht die liebenden Hände des Partners dabei fühlen kann.

»Wie erreicht dich meine Liebe?« »Wie möchtest du, dass ich meine Liebe zeige, damit du dich auch geliebt fühlst?« Wie wir geliebt werden wollen, wir können und sollten es einander mitteilen. Nicht nur beim Sex. Und wir sollten es ruhig immer wieder miteinander klären, denn auch wir verändern uns und damit, wie wir geliebt werden wollen.

Wir lernen, wenn wir offen bleiben. Dadurch ist meine Liebe immer noch nicht deine Liebe. Aber wir verstehen die Liebesbedürfnisse des anderen besser.

HUMOR IST NICHT IMMER WITZIG

Sam und Laura haben gerade eine schwierige Zeit. Sam hatte eine Affäre, und Laura stellt seitdem ihre Ehe in Frage. Aber an ihrem gemeinsamen Humor haben sie trotzdem nie gezweifelt – bis letztes Wochenende. »Erzähl du es!«, sagt Sam, und der Frust ist ihm anzumerken. Laura nickt: »Also, wir waren beide im Bad. Und Sam trocknet sich gerade ab und entdeckt so eine rote Stelle auf seinem Rücken und sagt zu mir, ob ich mir das mal angucken kann. Es sieht aus wie ein Kratzer. Und da sage ich: »Hey Mann, du musst deinen Loverinnen sagen, sie sollen sich vorher die Nägel schneiden.« Und da rastet Sam völlig aus und beschimpft mich, wieso ich so einen Mist erzähle. Ich war echt genervt. Man wird doch wohl noch mal einen Witz machen dürfen, oder? Naja, und dann war die Stimmung im Eimer.«

Einen Witz zu machen ist großartig. Humor ist wirklich die beste Medizin, um eigene Schwächen leichter zu akzeptieren. Das gilt auch für Humor unter Partnern. Aber mit einer gewaltigen Einschränkung. Humor ist nur dann witzig, wenn sich ein Paar gut versteht. Scherze sind ja selten harmlos, sondern leben gerade davon, dass sie etwas Schlimmes oder Bedrohliches so verdrehen oder übertreiben, dass sich die

Angespanntheit darüber lösen kann. Wenn er ihre neue Daunenjacke damit kommentiert, dass ihre schleichende Verwandlung in ein Michelin-Männchen jetzt offensichtlich einen krönenden Abschluss gefunden hat, dann wird das »Michelin-Männchen« nur mitlachen können, wenn sie sich sicher ist, dass ihr Mann sie trotz ihrer überzähligen Pfunde liebt, und sie sich auch nicht aus anderen Gründen von ihm abgelehnt fühlt.

Sobald aber Konflikte schwelen oder Verletzungen nicht verziehen sind, geht Humor schief. Wer sich abgelehnt oder in der Kritik fühlt, der empfindet flapsige Bemerkungen nur aggressiv und kein bisschen mehr komisch. Selbst kleine Spitzen lösen großen Schmerz aus, wenn die schützende Hülle der sicheren Bindung fehlt. Der Scherzkeks, dem dann heiße Wut entgegenschlägt, hat das ignoriert. In guten Zeiten verstärken Frotzeleien unsere Nähe.

»Was sich neckt, das liebt sich.« Wir beweisen einander, wie vertraut wir miteinander sind, indem wir so gefahrlos drauflosscherzen können. In schlechten Zeiten dagegen, sobald wir uns nicht mehr vor Entwertung und Ablehnung geschützt wissen, fühlen wir uns durch lustige Bemerkungen nicht ernst genommen. Wir haben dann das Gefühl, unser Partner würde absichtlich auf unseren Schwächen herumtrampeln.

So ging es auch Sam. Er ist unsicher, ob er die Liebe zwischen ihnen nicht zerstört hat. Lauras Joke klingt für ihn nur wie ein riesiger Vorwurf. So, als nutze sie die Gelegenheit, ihm sein Fremdgehen sofort wieder vorzuhalten. In Sam weckt das Angst und Unsicherheit, und er reagiert mit hilfloser Wut.

Humor kann eine wundervolle Verbindung in einer Partnerschaft sein. Aber sobald wir gerade nicht gut miteinander verbunden sind, dann ist der beste Spruch nicht witzig.

NICHT GUT MACHEN, WIEDERGUTMACHEN

Das Paar scheint eine gute Zeit miteinander zu haben. Sie kichern die ganze Zeit. Das verwirrt mich. Denn sie besprechen einen Streit, den sie hatten. Nehmen sie gar nicht ernst, was sie miteinander austragen? Vor allem aber verwirrt mich, dass ich gerade ein »Meister-Paar« beobachten soll. Und mir diese beiden alles andere als meisterlich vorkommen, eher etwas albern. Ich sehe mir gerade ein Video an, das der Paarforscher John Gottman veröffentlicht hat. Ein Video über Paare, die sich in Untersuchungen als besonders stabil und zufrieden erwiesen haben. Also schaue ich noch mal genauer hin. Und langsam wird es mir klar. Dieses Paar ist wirklich meisterhaft darin, jede misslungene Interaktion sofort wiedergutzumachen. Sie sind Künstler in der Paarkunst des Reparierens.

Eine langjährige Liebesbeziehung ist ein zwischenmenschlicher Hindernisparcours, der so schwierig ist, dass die meisten Paare irgendwann aussteigen. Das wissen wir. Also geben wir unser Bestes, um unsere Beziehungen gut und richtig zu führen. Wir suchen Erkenntnisse, Tricks und Regeln. Wie vielleicht in diesem Text hier, den sie gerade lesen. Wir wissen und verstehen mittlerweile tatsächlich viel über Liebe, Kommunikation und Bindungen. Das fördert in uns die Idee, dass es möglich ist, eine Beziehung richtig zu führen, und wir nur unfähig dazu sind. Also geben wir uns noch mehr Mühe, es gut zu machen. Aber dummerweise ist das nicht die Lösung. Es ist das Problem.

Wenn wir versuchen, es in der Liebe richtig zu machen, sind wir zum Scheitern verurteilt. Weil wir unsere Kraft falsch einsetzen. Und nicht die entscheidende Fähigkeit für eine stabile Partnerschaft entwickeln: Wir lernen nicht, es wiedergutzumachen. Wir können nicht immer verbunden sein, aber wir können immer wieder zueinander finden.

Zufriedene Paare strengen sich nicht an, alles richtig zu machen. Sie achten auf die Beziehung. Und greifen die kleinen Signale des Partners schnell auf, die anzeigen, dass er sich missverstanden oder angegriffen fühlt. Sie beruhigen ihn, sie klären. Wie das Meisterpaar, das augenblicklich mit einem sanften Scherz, einem Lächeln reagiert, wenn sich die Miene des anderen zu verfinstern droht. Paare, die verstanden haben, dass es darum geht, es wiedergutzumachen, reagieren auch anders in Konflikten. Sie haken einen Streit nicht ab und suchen mit aller Kraft nach der Lösung, wie dieser Streitpunkt in Zukunft zu vermeiden ist. Stattdessen bleiben sie in der Gegenwart, im bestehenden Konflikt. Und versuchen ihn aufzulösen, indem sie das Erleben des anderen nachvollziehen.
Wer versucht, seine Beziehung richtig zu führen, macht alles falsch. Wer bereit ist zu akzeptieren, dass was schiefgehen kann, auch in Beziehungen schiefgehen wird, ist schon einen Schritt weiter. Wer dann noch miteinander lernt, auf das Beziehungsgefühl zu achten und die kleinen und großen Brüche immer wieder zu reparieren, der macht schon eine Menge »richtig«.

IT TAKES TWO TO TANGO – ABER NUR EINEN, UM AUS DEM TAKT ZU KOMMEN

»Zu uns haben Sie auch einen ›Satz der Liebe‹ gesagt«, sagt meine Klientin. »Echt?« »It takes two to tango and …« Jetzt erinnere ich mich. »Und das war echt wichtig!«, fügt sie hinzu. Es war eine der verfahrenen Situationen im Therapieraum. Sie war enttäuscht von ihrem Mann, weil er sämtliche Versprechungen, die er ihr gemacht hatte, nicht eingehalten hatte. Er verteidigte sich damit, dass er ja dieses und jenes versucht habe. Aber er saß auf der Anklagebank, und er fühlte es. Und setzte auf die Tango-Karte: »Aber was ist denn dein Anteil an der ganzen Geschichte? Es liegt ja nie alles allein an einem. Was ist eigentlich mit dir? Ich möchte jetzt, dass wir mal darüber sprechen«, sagte er aufgebracht. Und Frau C. begann sofort darüber nachzudenken, was sie denn hätte noch besser machen können. Wobei sie verständlicherweise sehr unglücklich aussah. Denn ihr Anliegen blieb ja jetzt auf der Strecke. In diesem Moment wandte ich mich zu Herrn C. und sagte den ganzen Tango-Satz.

Gegen »It takes two to tango« kann man nichts sagen. Es stimmt einfach. Alleine können wir nicht Tango tanzen. Solange wir mittanzen, geht der Tanz weiter. Das beschreibt die Wechselwirkung, die jede Beziehung bestimmt. Wir drehen uns in kreisförmigen Kommunikationsschlaufen. Einer greift an, der andere zieht sich zurück. Und bald greift der eine nur noch an, weil sich der andere immer mehr zurückzieht und der andere zieht sich immer mehr zurück, weil der eine ihn immer mehr angreift. Ein Teufelskreis. In dem sich beide Partner nur noch als reagierend erleben. »Ich verhalte mich ja nur so abwehrend, weil du mich immer sofort so angreifst!« Um aus solchen Kreisläufen herauszukommen, macht es absolut Sinn zu schauen, welchen Anteil jeder daran hat. Und zu verstehen, was man selbst tun kann, um aus den negativen Kreisläufen auszusteigen. Das ist so offensichtlich, dass diese Einsicht mittlerweile Allgemeingut geworden ist. Jeder versteht diese Wechselwirkungen. Deshalb wird diese Sicht auf die Paardynamik auch schon wieder benutzt, um sich und die eigenen Unzulänglichkeiten schnell zu verbergen.

Professor Friedemann Schulz von Thun hat in einem Interview unlängst dazu gesagt: »Es gibt schlicht und einfach schwierige, gestörte Menschen, die einem Team schwer zusetzen können. Es gibt den Armleuchter und den echten Schuft und denjenigen, der eine zerstörerische Kraft entfaltet.«

Im Team »Liebesbeziehung« ist es niemals leicht zu unterscheiden, ob nur einer der Partner persönlich schwer belastet ist und deshalb festhängt oder ob das Paar verstrickt ist. Weil immer beides stimmt. Aber sobald ein Partner das mittlerweile zum Allgemeingut gewordene Tango-Argument benutzt, um sich zu verteidigen, dann sollten wir uns daran erinnern, dass es nur die eine Hälfte des Satzes ist. Sobald ein Partner darauf besteht, dass es ja immer zwei zum Tangotanzen braucht, obwohl sein eigener Anteil noch gar nicht geklärt ist, dann lenkt er von sich ab. Er missbraucht das mittlerweile zum Allgemeingut gewordene Tango-Argument, um sich zu verteidigen, blockiert die Klärung und wird dadurch dann tatsächlich zu demjenigen, an dem allein es liegt, dass das Paar aus dem Takt kommt. In der Beziehung liegt nicht immer alles an beiden Partnern. It takes two to tango. Aber einer allein kann den Tanz zerstören.

MISSTRAUEN SCHAFFT VERTRAUEN

»Hey, wir hatten doch eine wirklich gute Zeit in den letzten Wochen. Wir haben ganz viel gemeinsam unternommen, am Wochenende haben wir uns ein Hotel am Meer genommen. Wir hatten es wirklich schön miteinander«, sagt Karla und schaut zu Liese. Die zuckt ganz leicht mit den Schultern, schaut kurz zur Seite. »Ja, es war wirklich schön am Meer«, sagt sie. Sie schweigen. Ein beredtes Schweigen. Denn wenn sie wirklich aussprechen würden, worum es in ihrem Dialog geht, dann klänge er so:

Karla: »Bitte vertraue mir wieder!«

Liese: »Das kann ich nicht. Ich bin verletzt und misstrauisch.«

Vertrauen ist der Boden, der nötig ist, damit Liebe wachsen kann. Vertrauen bedeutet, ich kann mich darauf verlassen, dass du für mich da bist und bleibst, und dass du nichts tun wirst, was unsere Liebe zerstört. Um uns ganz sicher zu fühlen, möchten wir einander am liebsten zu 100 Prozent vertrauen können. Und weil wir es uns so sehr wünschen, tun wir häufig einfach so, als wäre es wahr. Wir vertrauen einander blind. Räumen alle Zweifel beiseite und schaffen damit die Illusion völliger Sicherheit. Wir umgeben uns mit dem kuscheligen

Gefühl blinden Vertrauens. Aber in Wahrheit schützen wir uns nur vor unserer Angst, den anderen verlieren zu können.

Irgendwann zerplatzt diese Illusion dann. Wie bei Liese und Karla. Auf einer ihrer vielen Geschäftsreisen hatte sich Karla verliebt. Angeblich war, wie es dann so schön heißt, »nichts passiert«. Nur dass Lieses Welt zusammenbrach. Sie war voller Schmerz und Wut und verschloss sich gegenüber Karla. Sie war sich plötzlich ganz unsicher, ob sie die Beziehung fortsetzen wollte. Karla spürte das und versuchte alles, um Liese ihre Liebe zu beweisen. Sie flehte und fluchte, dass Liese ihr doch wieder vertrauen solle. Doch wie sehr sie sich auch bemühte, Liese blieb misstrauisch.

Und Liese hat Recht. Nicht in dem Sinne, dass Karla nicht zu trauen sei. Sondern weil sie ihr Misstrauen braucht, um wieder vertrauen zu können. Sie muss ihr Gefühl für die Partnerschaft wiederfinden. Ihr Misstrauen gibt ihr die Möglichkeit, im Kontakt zu bleiben und sich nicht ganz zurückziehen zu müssen. Mit meinem misstrauischen Blick kann ich den anderen distanziert betrachten. Vertrauen kann wieder wachsen. Für den Partner bedeutet es, mein Misstrauen auszuhalten. Was paradoxerweise auch ein Vertrauensbeweis ist. »Ich vertraue dir, dass du mir wieder vertrauen möchtest.« Die Chancen stehen gut. Denn misstrauisch ist ja nur, wer den Wunsch hat, Vertrauen zu können.

Blindes Vertrauen ist in keiner Phase einer Liebe eine gute Idee, auch wenn unsere Gefühle dahin drängen. Ein sehendes Vertrauen ist besser. Wie oft fällt Partnern nach einem Vertrauensbruch auf, dass sie die Anzeichen schon lange bemerkt, sie aber ignoriert haben, um die schöne Illusion des blinden Vertrauens nicht zu zerstören. Misstrauen ist ein Freund, der uns zum Vertrauen führen will.

V

SEXUALITÄT

Wo Nähe fühlbar wird

An einem Nebenarm des Amazonas leben die Pirahã. Der Anthropologe David Everett, der mehrere Jahre bei den Pirahã lebte, besuchte eines Tages einen der Männer. Sein Kopf lag auf dem Schoß seiner Frau, die ihn an den Haaren festhielt und ihn immer wieder auf den Kopf schlug. Er kicherte und sagte: »Meine Frau lässt mich nirgendwo hingehen.« Wie Everett später verstand, hatte der Mann »mit einer anderen Frau gespielt«. So bestraft zu werden, war die übliche Wiedergutmachung bei den Pirahãs. Sie dauert einen Taglang. Am nächsten Tag ist die Pirahã-Welt wieder in Ordnung.

Bei den Pirahãs leben Frauen und Männer als Paare zusammen. Doch die Paarkonstellationen können sich auch schnell verändern. Eine Frau und ein Mann aus festen Beziehungen verschwinden gemeinsam für einige Tage im Dschungel. Die bisherigen und jetzt zurückgelassenen Partner laufen durchs Dorf und rufen vergeblich nach ihnen. Nach einiger Zeit tauchen die Untreuen wieder aus dem Dschungel auf. »Nach ihrer Rückkehr gründen sie einen neuen Haushalt, oder aber sie kehren zu den früheren Partnern zurück.« Bis der Dschungel wieder ruft. Einige Forscher, die die Pirahã besuchten, hielten sie für das glücklichste Volk, das sie je untersucht hatten.

Die Lösung der Pirahã ist simpel, aber klar. Wir wären froh, wenn wir unsere Sexualität und Partnerschaft auch so geschmeidig miteinander vereinen könnten. Dass es nicht gelingt, liegt weniger am fehlenden Dschungel als daran, wie Sex, Liebe und Partnerschaft für uns miteinander verbunden sind, nämlich untrennbar und vielfältig verflochten.

Sexualität erscheint uns untrennbar von romantischer Liebe. Romantische Liebe halten wir für untrennbar von der Liebe. Die Liebe wiederum ist für uns untrennbar von einer dauerhaften Beziehung oder der Ehe. Und die können wir uns nur als möglichst gleichberechtigte Partnerschaft vorstellen. Und deshalb stehen wir vor der wundersamen Aufgabe, unsere leidenschaftliche Sexualität mit einer langandauernden, alle Lebensbereiche umfassenden, vernünftigen Partnerschaft zu vereinigen. Können wir bitte zwischendurch immer mal im Dschungel verschwinden?

Auf eine Art tun wir das ja längst. Durch Affären und Seitensprünge. Durch Freunde, mit denen wir gelegentlich Sex haben und das »Freundschaft mit Vorzügen« nennen. Indem wir als Paar mit anderen Paaren verbindlich oder unverbindlich Sex haben. Durch »offene Beziehungen«, in denen Sex mit anderen erlaubt ist.

Was wir feststellen ist, dass wir uns dabei doch meist im Wald verirren. Dass wir keine Lösung finden, dass es eine Suche bleibt.

Goethe hatte sicherlich Sex, aber er wusste es nicht. Es gab den Begriff Sexualität damals nur für die Vermehrung von Pflanzen. Jetzt haben wir Sex. Und sind doch nicht viel schlauer. Einerseits verstehen wir Sexualität als ein biologisches Verlangen, dem – wie manche Forscher meinen – eine Art Krieg der Spermien zugrunde liegt. Und andererseits als einen überaus formbaren Erlebensbereich, in dem wir weder auf feste sexuelle Reize festgelegt sind noch auf feste Sexpartner. Manche Menschen sind asexuell, andere kommen nur durch High Heels zum Orgasmus. Wir können sowohl stündlich im Wald der Pirahã verschwinden und mit immer anderen Partnern ficken als auch immer wieder mit ein und demselben Partner Sex haben. Nach allem, was wir wissen, scheint eindeutig, dass wir biologisch nicht eindeutig sind. Die Natur hat uns weder darauf festgelegt, polygam noch monogam zu sein.

Zurzeit ist das Modell, das die meisten Menschen anstreben, die monogame Dauerbeziehung. Beziehungsweise das, was die meisten heute leben: die serielle Monogamie, eine Abfolge von monogamen Beziehungen mit gelegentlichen, bekämpften, aber letztlich immer mehr akzeptierten Seitensprüngen. Trotz aller Versuche und Experimente mit freier Sexualität, Polyamorie, gestattetem Fremdgehen, Partnertausch und Kommunen, in denen die bürgerliche Sexualität besiegt werden sollte, ist die sexuelle Grenze bestehen geblieben, die eine Liebesbeziehung definiert. Frau und Mann dürfen mit anderen Männern und Frauen arbeiten, reden, essen gehen, lachen und sich amüsieren. Sie dürfen sogar mit ihnen tanzen, nackt in der Sauna sitzen und sich super verstehen. Ja sogar ein Flirt wird noch hingenommen, solange nur die Augen sprechen und die Whiskey-Gläser klirren. Doch wehe es kommt zu erotischen Berührungen oder sexuellen Handlungen. A kiss is still a kiss. Da gibt es kein Vertun. Was andererseits den Vorteil hat, dass wir unserem Partner glaubwürdig versichern können, dass zwischen uns und dem Surflehrer nichts gewesen sei, solange die Lippen sich nicht berührt haben und die sexuelle Grenze eingehalten wurde.

Dass diese Grenzziehung keine reine Schikane durch sexualfeindliche Ideologien ist, ist aber auch klar. Denn das mächtigste Bindungshormon, Oxytocin, wird gerade dann ausgeschüttet, wenn die Lust am größten ist und der Kontakt am innigsten. Sexuelle Aktivität und Körperkontakt führen dazu, dass unser Bindungssystem aktiviert wird. Wir binden uns an unsere Sexualpartner. Eine Alltagserkenntnis. Denn was ein bedeutungsloser One-Night-Stand sein sollte, was eine rein sexuelle Affäre bleiben sollte, von der unsere Lebens- und Liebesbeziehung gar nicht berührt werden sollte, entwickelt sich dann doch in vielen Fällen zu einer uns bindenden, emotional wichtigen Beziehung. Die Vorstellung, rein sexuell begehren zu können, ohne dass diese Person uns wichtig wird, ist weitestgehend eine Illusion.

Innerhalb der Grenzen unserer monogamen und heute moralisch wenig eingeengten Liebesbeziehungen sollte doch auch eine schöne, erfüllende Sexualität möglich sein. Wir sind bis zum G-Punkt aufgeklärt, Gleitmittel und Sexspielzeug führt der lokale Drogerie-Discounter. Wo ist das Problem? Doch statt Lust herrscht vielerorts Frust. Sie hat einen Namen, der so ratlos macht, wie die Tatsache, die er beschreibt: sexuelle Lustlosigkeit. Gemeint sind Partnerschaften, in denen die Sexualität selten geworden oder ganz eingeschlafen ist. Sehr häufig, obwohl der gemeinsame Sex, wenn es dann doch mal zur freudigen Überraschung aller Beteiligten dazu kommt, durchaus als lustvoll und befriedigend erlebt wird. Schon im ersten Jahr des Zusammenlebens haben Paare nur noch halb so oft Sex miteinander wie zuvor. Und nach den ersten 6 bis 10 Jahren nimmt die Häufigkeit noch mal deutlich ab. Sagt die Statistik.

Sex ist uns aber wichtig. Wir lieben Sex. Sexuelle Reize sind in unserer Kultur nicht verborgen, sondern stimulieren über Mode und Werbung fast endlos unsere Sinne. Eine befriedigende Sexualität ist die wichtigste Quelle unserer Selbstbestätigung als Mann und Frau, unser Sexyness-Radar, der uns meldet, dass wir begehrenswert und attraktiv sind. Und kein anderes Erleben kann unsere Einsamkeit und Vereinzelung in der Welt so aufheben wie die körperliche Nähe und Verschmelzung. Ein manchmal sogar spirituelles Erleben. Letztlich bezeugt Sexualität das gute Leben, das uns so wichtig geworden ist. Wer guten Sex in seiner Ehe hat, ist glückstechnisch – so glauben wir – ganz weit vorne. Wieso können wir ihn dann nicht lebendig halten?

Ein wesentlicher Grund ist, dass Sex niemals nur Sex ist. Sexualität bekommt im Laufe einer Beziehung immer wieder wechselnde Bedeutungen. Sie ist ein wesentlicher Teil unserer Paarkommunikation und damit weit mehr als nur geteilte Lust. Erst feiern wir unsere Liebe in der Sexualität, sind überwältigt und wie magnetisch verbunden. Später, wenn wir einander immer besser »begreifen«, reift unsere Sexualität, und wir vertiefen unsere Verbundenheit durch die gemeinsamen erotischen Begegnungen. Jahre später ist unser Sex dann auch ein wichtiges Ritual der gegenseitigen Versicherung geworden. »Es bleibt dabei«, wie Ulrich Clement es formulierte. Wir bleiben ein Paar. Unsere gemeinsame Sexualität ist Ausdruck unserer Nähe, und wir wehren Trennungsängste damit ab. Als Versöhnungssex ermöglicht er uns, wieder zueinander zu finden. Sexualität ist ein unmittelbar erlebbarer Ausdruck des Bandes, das uns verbindet und ein Gradmesser, an dem wir unsere Verbundenheit ablesen.

Sex ist aber auch schlicht ein wichtiges gemeinsames Freizeitvergnügen. Oder eine wichtige Spannungsregulation, wie Yoga oder Joggen. Sex kann Machtkampf sein oder Unterwerfung. Sex kann in einer Beziehung viele Bedeutungen bekommen. Aber Sex kann niemals nur Sex sein.

Mit den Bedeutungen, die die Sexualität übernimmt, die weit über lustvolles Erleben und befriedigende Orgasmen hinausgehen, wachsen aber auch unsere Ängste. Sexualität ist so wichtig, dass sie heikel wird. Sex wird zu einem riskanten Unternehmen. Riskanter als viele der anderen netten Dinge, die wir gemeinsam machen, wie Kochen, mit den Kindern am Strand spielen oder aneinandergelehnt unsere Lieblingsserien gucken. Bei der gemeinsamen Gartenarbeit haben wir keine Angst, zu versagen oder zurückgewiesen zu werden. Wir befürchten nicht, dass die Beziehungsfrage gestellt werden könnte. Wie leicht ist es zu fragen: »Kommst du mit in den Garten?« Und wie leicht, das abzulehnen. »Nö, ich habe keine Lust.« »Okay«, sagen wir und ziehen die Gummistiefel an. Aber wenn wir unserem Partner zart am Ohr knabbern und wissen, dass ihn das eigentlich anturnt, und er zieht dann den Kopf weg, dann sind wir alarmiert. Ist er nur nicht in Stimmung? Oder lehnt er uns aus irgendeinem Grund ab? Wieso geht er nicht auf unsere Wünsche ein? Hat er eine andere? Uns bedroht die Frage, was mit unserer Liebe ist, wenn der Sex nicht zündet. Sexualität ist jedes Mal ein wenig die Stunde der Wahrheit. Vielleicht ziehen wir auch dann unsere Gummistiefel an. Aber nur um wütend Maulwurfhügel zu zertreten, weil wir uns so getroffen, irritiert und hilflos fühlen.

Die Lust hat es schwer, wenn die emotionale Basis fehlt, wenn Kränkungen, Zurückweisungen und ungelöste Konflikte zwischen den Partner stehen. Ein verletztes Ich gibt sich nur schwer hin, und es gibt immer gegenseitige Verletzungen, die der gemeinsamen Sexualität im Weg stehen. Die großen Enttäuschungen, wie der Job, den du reduzieren wolltest, was du aber nie getan hast. Deine ewigen Besuche bei deiner Ex. Deine Mutter, die in die Beziehung hineinregiert. Und die kleinen Kränkungen, wie deine Firmenfeier, zu der du gegangen bist, obwohl ich nicht eingeladen war. Unerledigt stehen diese Kränkungen zwischen den Partnern. Und der Sex kann sich irgendwann nicht mehr daran vorbeischlängeln.

Doch dass die Gefühlshürden höher werden, ist nur ein Faktor, der zur Lustlosigkeit führt. Die Sexualität hat vermutlich auch schon an Kraft eingebüßt. Das gemeinsame sexuelle

Erleben ist angeschlagen. Ganz unmerklich ist es auf den kleinsten gemeinsamen erotischen Nenner geschrumpft. Weil sich das Paar unausgesprochen darauf geeinigt hat, alles aufzugeben, was für den anderen schwierig schien. Ich möchte viel länger oral stimuliert werden, aber es scheint dich anzustrengen. Ich gebe es auf. Ich wünsche mir manchmal den Spontanfick, in den Dünen, auf dem Wannenrand. Aber du warst so still dabei. Ich glaube, es bringt dir nichts. Ich habe aufgehört, es zu versuchen.

Paare geben zu viel von ihrer Lust auf, um wirklich noch Lust auf die gemeinsame Lust zu haben. In der Dauerbeziehung müssen wir in ganz besonderer Weise Fremdheit und Vertrautheit vereinen. Einerseits bieten wir einander immer mehr Sicherheit, um uns fallen lassen zu können und uns unseren sexuellen Gefühlen hinzugeben. Doch dieser Ernte vieler Tage und Jahre gemeinsamen Lebens steht entgegen, dass das aufregende Neue und neugierig Machende fehlt. Die sexuelle Begegnung lebt aus der Spannung zwischen dem unüberbrückbaren Anderssein und dem intimsten Einswerden. Doch nach Jahren wird es schwer, noch Neues zu entdecken. Tangokurs und Partner-Yoga beleben die Partnerschaft, die Sexualität aber nicht notwendigerweise nachhaltig. Reizwäsche, Sex-Toys und Pornos gucken bleibt meist so äußerlich, wie es ist. Es verändert nichts. Die frei Haus und umsonst gelieferte Pornographie aus dem www wird im Gegenteil ein zunehmendes Problem in Partnerschaften. Wenn das Sexleben schwierig ist, dann ist Porno einfach. Zu einfach. Dann spritzt er lieber mit willig stöhnenden Pornostars vor dem PC ab, als mit ihr ins Bett zu gehen. Denn auf youporn.com wird niemand abgewiesen. Das Aufleben der gemeinsamen Sexualität wird dadurch aber nicht leichter, sondern immer schwerer.

Häufig sind wir auch schlicht zu müde, zu erschöpft für Sex. Die Zeit dreht sich immer schneller und die Zeiten, als nur die schnelle Nummer geschoben wurde, sind Vergangenheit. Wir verstehen Sexualität nicht mehr als dumpfen Trieb, nicht mehr als einen Dampfkessel, aus dem ständig Druck abgelassen werden muss. Sex hat sich von der Wollust in eine Wohllust verwandelt, wie der Sexologe Volkmar Sigusch treffend schreibt. Und entsprechend feiern Paare eher kleine erotische Festivals miteinander, als nur schnell mal zur Sache zu kommen. Diese sexuellen Rituale brauchen Zeit, die uns der Job und der Alltag kaum lassen. Wenn wir uns am Rande des Burnouts bewegen, dann verkümmert die Partner-Sexualität leicht.

Auch die verinnerlichten Bilder, die wir über unsere Sexualität haben, blockieren unseren Zugang zu Lust und Leidenschaft. Ein wiederkehrendes Muster, fast ein Klischee ist ein erotisch blockiertes Paar, in dem der Mann Nähe über Sex finden möchte und seine Partnerin Sex über Nähe. Er braucht die körperliche Vereinigung, um sich ihr wieder nah fühlen zu können, und sie spürt ihm gegenüber kein Begehren, weil ihr die emotionale Nähe zu ihm fehlt. Beide stecken in ihren sexuellen Identitäten fest, weil sowohl Männern als auch Frauen Teile ihres Erlebens abgesprochen werden.

Manner, die noch im 18. Jahrhundert als empfindsames Geschlecht galten, verkörpern heute das gegenteilige Rollenbild des dauergeilen Potenzhengstes. Paartherapeuten mutmaßen, dass Männer weniger wegen ihres Triebstaus, sondern mehr wegen ihres Gefühlsstaus auf Sex drängen. Ihren Penis in der Vagina der Frau zu spüren, ist ihre Möglichkeit, sich sicher und aufgehoben in der Beziehung zu fühlen und ermöglicht ihnen, angstfrei die drei Worte über ihre Lippen zu bringen.

Die Vagina ist ihr Schlupfloch zu Nähe und Liebesgefühlen, die ihnen auf anderen Wegen nur schwer zugänglich sind.

Frauen wird Sexualität dagegen nur in Verbindung mit Liebe zugestanden. Eine reine, geile Lust bleibt für die Herren des Universums reserviert. Im Grunde ein Keuschheitsgürtel im Kopf. Doch glücklicherweise scheint sich dieses hemmende Bild aufzulösen. Seitdem Frauen durch eigene Berufstätigkeit ökonomisch unabhängiger werden, ziehen sie im Fremdgehen gleich. Und gleichzeitig wurde bei Rhesus-Affen beobachtet, dass es die Weibchen sind, die den Sex initiieren. Natürlich besteht da kein Zusammenhang. Ob das Verhalten von Rhesusaffen nun irgendeinen Rückschluss auf unser Verhalten erlaubt, ist auch unbedeutend. Wichtiger ist, und insofern gibt es doch einen Zusammenhang, dass jetzt insgesamt mehr wahrgenommen wird, dass die Weibchen, ob bei Affen oder Menschen, sehr wohl sexuell initiativ sind. Untersuchungen weisen darauf hin, dass sich Frauen in der Dauerbeziehungssexualität schneller langweilen als Männer. Solange sie sich das aber nicht eingestehen können, weil es nicht mit ihrer eigenen sexuellen Identität vereinbar ist, solange werden sie sich nur abfinden. Im Grunde also resignieren sie und rütteln schon allein deshalb wenig an der sexuellen Lustlosigkeit.

Wie halten wir also eine sexuelle Beziehung in unseren langjährigen Ehen oder eheähnlichen Verhältnissen wach? »Stirb ja nicht, bevor du das Wunder erlebt hast, aus Liebe zu vögeln«, schreibt der Nobelpreisträger Gabriel García Márquez in seiner Erzählung »Erinnerung an meine traurigen Huren«. Wenn wir Glück hatten und das Wunder erlebt haben, dann wollen wir es immer wieder. Aber wünschen allein hilft nicht. Viele Paare scheinen nach einigen Beziehungsjahren wie Surfer, die draußen in der Bucht paddeln, und auf die richtige, große Welle hoffen. Aber sie warten vergeblich auf den Tsunami, der sie mit Macht an den Strand der Leidenschaft schleudert. Je länger sie vor sich hindümpeln, desto eher fragen sie sich, ob sie nicht vielleicht einfach einen zu hohen Anspruch haben. Und einfach akzeptieren sollten, dass die Sexualität mit den Jahren einfach allmählich versiegt. Aber das können wir nicht akzeptieren, und wir müssen und sollten es auch nicht. Paare müssen nur lernen: Wellen macht man selber.

Nur wie, darüber scheiden sich selbst die Geister der Sexperten. Der zurzeit prominenteste US-Sexologe, David Schnarch, befindet, dass sexuelle Intimität nur dann in einer Beziehung überleben kann, wenn wir unabhängig vom Partner werden und nicht auf seine Zuwendung angewiesen sind. Weil wir sonst einer Konfrontation ausweichen, aus Angst den anderen zu ängstigen oder zu verletzen. Die Idee ist, dass nur psychische Eigenständigkeit die Distanz erlaubt, die eine Anziehung erst möglich macht. Sex kann in einer Liebesbeziehung nur lebendig bleiben, wenn das Paarleben nicht zu eng und kuschelig wird, sondern immer wieder Distanz, Abgrenzung und Herausforderung gelebt werden.

Für andere Paarforscher blüht Sexualität dagegen auf, wenn Nähe und Vertrautheit gepflegt werden. John Gottman hat Akzeptanz und Vertrauen als die Schlüsselqualitäten ermittelt, die Paare mit einem guten Sexleben von Paaren mit einem unbefriedigenden Sexleben trennen. Und für die kanadische Beziehungsforscherin Sue Johnson sind eine sichere Bindung und Sex unmittelbar verknüpft. Nur in einer durch liebevolle Zuwendung sicheren Bindung könne wirklich intime Sexualität entstehen und überleben.

Es scheint nicht so schwer, die gegensätzlichen Positionen

zu vereinen. Mit einem illoyalen, unzuverlässigen, nichtachtenden und entwertenden Mistkerl als Partner wird uns auf Dauer die Lust vergehen. Denn das Vorspiel beginnt bekanntlich sofort nach dem Orgasmus. Sexualität existiert nicht getrennt von unserer emotionalen Beziehung. Sexualität ist gleichzeitig Spiegel und wesentlicher Teil unserer Liebesbeziehung. Aber gibt es nicht unpersönlichen Sex? Ja, aber nicht mit unserem vertrauten Partner. Falls sich Sex zwischen vertrauten Partnern wie Bodengymnastik anfühlt, dann spiegelt auch das die emotionale Beziehung. Mehr Nähe oder Hingabe wird nicht gesucht, oder es fehlt letztlich die Vertrautheit, es anzusprechen. Wir brauchen eine sichere, gute Bindung als Basis. Wenn wir in der Beziehung unsicher bleiben, dann wehren wir uns gegen unser eigenes Begehren, unsere eigene Lust, weil wir uns nicht abhängig von Mr. Ignorant erleben wollen. Andererseits gleiten wir durch Vertrauen und Nähe allein auch nicht automatisch ins sexuelle Paradies. Wir brauchen die gute Beziehung, das emotionale Band. Und dann den Mut, es auch zu nutzen. Wir brauchen, wie der Psychologe Norbert Bischof schreibt, »emotionale Spontaneität«, den Mut zu eigenen Gedanken und Gefühlen. Und Ehrlichkeit. Sie sollte uns leichter fallen, wenn wir einander vertrauen und unsere Beziehung gefestigt ist. Die mangelnde Hygiene des Partners anzusprechen, offen die Angst zu äußern, zu schnell oder zu langsam für das Erleben des Partners zum Orgasmus zu kommen. Deutlich zu sagen, wenn wir die Hände des Partners nicht einfühlsam finden. Nichts mitmachen, nur weil es Harmonie verspricht. Wenn wir keine Konflikte austragen und unsere Aggressionen verstecken, verwandelt sich Sicherheit in eine durch Anpassung erkaufte Scheinsicherheit. Emotionale Spontaneität und Ehrlichkeit bedeutet, dass wir für unsere erotischen Wünsche eintreten. Und unsere Fantasien nicht für uns behalten. Es geht nicht darum, dass wir unsere Fantasien eins zu eins mit unserem Partner ausleben wollen. Wir möchten das gar nicht oder nur sehr selten. Aber unsere Fantasien sind eine wichtige Quelle, um zu verstehen, wohin unser Verlangen strebt, welche nicht gelebten Impulse wir in uns tragen. Was wir zurückhalten und was unsere Sexualität beleben könnte.

Auch der Mythos der Sexyness ist ein Hindernis. Wir wollen immer makellos aussehen. Aber mitten in der Ekstase werden wir nicht aussehen wie das Vogue-Covergirl. Wir können nicht immer gut aussehen. In der Lust sehen wir auf eine ganz andere Art gut aus. Wir unterliegen einem Schönheitsideal, das Sex eher unmöglich macht. Speckröllchen, erschlaffte Muskeln und trockene Haut sind nicht vorgesehen. Aber die Erfahrung zeigt uns doch, dass nicht Attraktivität zum Sex führt, sondern Sex zur Attraktivität. Je intensiver das Erleben, desto schöner erscheint uns der andere und desto unwesentlicher empfinden wir vermeintliche Makel. Unser Begehren macht uns schön füreinander. Nie liegt die Schönheit so sehr im Auge – und nicht zu vergessen: in den Händen des Betrachters – wie in der erotischen Leidenschaft. Ältere Paare dürften ja gar keinen Sex mehr haben, wenn es nach den herrschenden Schönheitsidealen ginge. Ältere Paare haben aber Sex, befriedigenden Sex. Sexuelle Reife und Cellulite, so das Bonmot von David Schnarch, stehen in einem positiven Verhältnis.

Sex kann lebendig bleiben. Aber entscheidend ist, dass wir ihm Vorrang geben. In langen Beziehungen bleibt die Sexualität lebendig, wenn sie Top Priority besitzt. Paare, die Sex oben auf ihrer Liste wichtiger Aktivitäten setzen, haben Sex. Denn wir erleben miteinander immer wieder Situationen, in denen wir uns entscheiden können, uns jetzt Sexuell-Erotischem hinzugeben oder ob wir die Wäsche aufhängen, weil die Gäste in einer Stunde kommen. Eigentlich wollten wir früh aufstehen, aber wir könnten jetzt auch zärtlich sein oder Sex haben. Wir erleben einen Entscheidungsspielraum, in dem wir uns für Sex entscheiden oder den erotischen Impuls übergehen. Sexualität gemeinsam zu wollen ist die Grundbedingung. Die gegenseitige Sicherheit zu haben, dass beiden Sex ein wichtiges Bedürfnis ist, macht es natürlich leichter, mit dem eigenen Lustempfinden auf den Partner zuzugehen. Dann sind wir auch nicht jedes Mal verpflichtet, das erotische Traumfestival zu veranstalten. Wir können uns auch mal langweiligen, gescheiterten, schnellen, lächerlichen oder unbefriedigenden Sex erlauben.

Eine wesentliche Bedingung aber, so scheint es, muss noch erfüllt sein. Es muss okay und möglich sein, auch »Nein« sagen zu dürfen. »Nein« dazu, dass aus Schmusen Orgasmus-Wünsche werden. »Nein« zu dem offensichtlichen erotischen Interesse unseres Liebsten. Wenn wir uns auf Zärtlichkeiten einlassen können, ohne uns automatisch zu einem Blow-Job verpflichtet zu fühlen, wenn er durch die Zärtlichkeiten erregt wird, dann sind wir freier, und es ist viel leichter oder sogar dann erst möglich, sexuell zu werden. Wenn wir unseren Partner zurückweisen können, ohne dass anschließend wochenlang Eiszeit in der Beziehung herrscht und geschmollt wird. Unser »Ja« zur Sexualität ist letztlich nur möglich, wenn ein »Nein« erlaubt ist. Die Existenz eines guten, eines akzeptierten »Neins«, für das sich niemand schuldig fühlen muss, und das niemanden in eine Selbstwertkrise stürzt, ist möglicherweise die wichtigste Bedingung für Sex in der Dauerbeziehung. Wo ein »Nein« möglich ist, bleibt das »Ja« stark.

Wenn es nicht möglich ist, ist das ein Signal, dass das Paar etwas sehr Wichtiges zu klären hat.

Eine Studie an 16.000 Amerikanern ermittelte, welche Anzahl an Sexpartnern im letzten Jahr am glücklichsten machte. Die Antwort war: einer. »Liebe ist die Antwort«, sagte Woody Allen, »aber während wir auf die Antwort warten, wirft Sex einige verdammt gute Fragen auf.«

SEX BRAUCHT SICHERHEIT

»Ich weiß ja, was du dann brauchst. Du möchtest dann mit mir schlafen. Ich weiß, dass du dich mir dann nah fühlst. Aber ich kann das so nicht. Vor allem, wenn ich mich gerade noch von dir kritisiert gefühlt habe.« Frau V. lächelt ihren Mann unsicher an, der ganz erwartungsfroh guckt, aber nichts sagt. Sie schaut mich etwas ratlos an. »Wir sehen uns den ganzen Tag nicht und dann kommst du nach Hause, meckerst über das Chaos, wir bringen die Kinder ins Bett. Und meistens läufst du dann noch eine Runde, und ich gucke noch mal Nachrichten. Und dann sind wir beide geschafft, und es ist Zeit, ins Bett zu gehen. Und … und ich habe dann schon immer Angst. Und hoffe, du bist müde. Ich weiß ja, dass du dich dann abgelehnt fühlst, wenn ich nicht mit dir schlafen will. Und dann mache ich es auch, aber … eigentlich geht das nicht für mich.« Frau V. weint.

Frau V. schläft gerne mit ihrem Mann. Aber nicht immer, wenn er es möchte. Und vor allem nicht, wenn sie gar keine innere Verbindung zu ihm fühlt. Aber irgendwie fühlt sie sich auch schuldig und kleinlich, dass sie ihrer Lust nicht freier nachgeben kann. Denn im Grunde ist es doch wunderbar, dass ihr Mann sie so begehrt. Was Herr V. auch findet. Er kommt zu sich, wenn er die anstrengende Welt hinter sich lassen kann und kann es gar nicht erwarten, zu seiner Frau zwischen die Laken zu schlüpfen. Der Partner, der weniger Lust verspürt, bestimmt die Sexualität. Frau V. fühlt und weiß das. Aber sie empfindet keine Macht, eher Ohnmacht durch ein Dilemma, das sie nicht lösen kann.

Ein Dilemma, das viele Paare erleben. Männer scheinen durch Sex zur Nähe, Frauen durch emotionale Nähe zum Sex zu finden. Soziologen sehen die Geschlechterrollen als Ursachen hierfür an. Frauen sind mehr auf eine sichere Bindung angewiesen. Sie waren und sind wirtschaftlich abhängiger. Sie können schwanger und dann verlassen werden. Sie haben, weil sie sich nur in einem bestimmten Lebensalter fortpflanzen können, insgesamt schlechtere Chancen auf dem Heiratsmarkt. Studien zeigen, dass bei Frauen, anders als bei Männern, bei sexueller Erregung auch Hirnregionen aktiv sind, die für Urteile und Entscheidungen zuständig sind. Lust wird immer im Zusammenhang mit der Situation und den Umständen erlebt. Sexuelle Erregung ist also damit verbunden, wie geborgen und vertraut sich die Beziehung anfühlt. Entsprechend zeigt sich in Untersuchungen, dass die langjährigen Paare, die sich einander insgesamt näher fühlen, auch ihre Sexualität als befriedigender einschätzen.

In einer festen Liebesbeziehung ist sexuelle Erregung also davon abhängig, wie nah und verbunden wir uns fühlen. Auch auf die Gefahr hin, vulgär zu klingen und dazu aufzufordern, ziemlich berechnend vorzugehen, habe ich Männern wie Herrn V. schon gesagt: »Wer ficken will, muss freundlich sein.« Das prägt sich ein, ist leicht einzusehen und beschreibt einen häufig übersehenen Aspekt in der Sexualität von Paaren. Sex braucht Sicherheit.

SEX IST NICHT GLEICH SEX

Mitten beim Sex hatte Günter plötzlich keine Lust mehr. Er wollte lieber Saxophon spielen. Was ihn total verunsicherte. Seitdem haben Jana und Günter keinen Sex mehr. Günter kennt nur Powersex. Sex, bei dem er absolut geil ist und nichts anderes will als Vögeln. Doch seit jenem Ereignis ist er sich dieser Sexualität nicht mehr sicher. Deshalb schmusen sie jetzt oft im Bett miteinander und neben ihnen liegt stumm der Sex, wie ein Rätsel, das sie nicht lösen können. Sie haben sich schon gewünscht, sie könnten Sex einfach vergessen. Aber das können sie nicht. Und brauchen sie auch nicht, wenn Günter sich nur endlich an eine andere Art der Sexualität heranwagen würde.

Menschen sind die Tiere mit der komplexesten und formbarsten Sexualität. Wir besitzen nicht eine festgelegte Sexualität. Wir können zwischen Sexualitäten wählen. Und da wir im Laufe einer langen Liebesbeziehung durch ganz unterschiedliche Phasen gehen und im Grunde mehrere unterschiedliche Partnerschaften leben, von den unsicher Verliebten bis zum alten Ehepaar in gebrechlichen Körpern, ist das großartig. Denn es erscheint doch unrealistisch, dass sich unsere Partnerschaft immer wieder verändert, aber unsere Sexualität die ganze Paarstrecke über immer gleichbleiben kann.

Wir kennen Sex, der auf das Körperliche konzentriert ist. Die Beziehungsgefühle sind ausgeklammert. Diese Sexualität ist unpersönlich, weniger intim. Wir kennen Sex, der weniger Lust als Liebesbeweis ist. Eine Sexualität, die Nähe herstellt, die gegenseitige Zuneigung sichert. Wir können banalen, ja langweiligen Sex miteinander haben. Unbefriedigenden oder lustigen. Wir können eine Sexualität des Rollenspiels leben, die aus der Fantasie belebt wird. Eine Sexualität der Achtsamkeit, in der nicht der Orgasmus, sondern die Sinnlichkeit den Sex bestimmt. Eine tantrische Sexualität, die Rituale und nicht-sexuelle Erfüllung mit der Sexualität verbindet. Eine selbstbezogene Sexualität, in der wir uns gegenseitig zur Bedürfnisbefriedigung verhelfen. Eine Sexualität, die nichts will außer gut genug sein, um das Erleben der erotischen Körperlichkeit nicht zu verlieren. Eine Sexualität, die andere Sex-Partner miteinbezieht. Eine, die von Drogen unterstützt ist. Und ja, auch die Nicht-Sexualität kann der Weg sein, den ein Paar geht. Denn es gibt keine Regeln, außer der, dass alles möglich ist, wenn beide Partner den gleichen Weg gehen wollen.

Es kann Phasen in unseren Beziehungen geben, in denen unsere Sexualität nur einen dieser Wege gehen kann. Aber es schränkt unser Sexualleben ein, wenn Sex immer gleich und auf die gleiche Art erregend, wunderbar und erfüllend zu sein hat. Dann brauchen wir die Einsicht, dass wir uns auf eine Form der Sexualität eingeengt haben, und den Mut, uns auf anderen Wegen in die Lust zu wagen. So wie Günter sich erobern muss, auch aus Zärtlichkeit und Geborgenheit zu seiner Lust zu finden.

Freiheit ist immer die Freiheit von Vorstellungen. Gerade in der Sexualität. Denn Sex ist nicht gleich Sex.

BEIM SEX GEHT ES SELTEN UM SEX

»Wir haben jetzt schon ein Jahr fast keinen Sex mehr gehabt«, sagt er. Und sie nickt mit feuchten Augen. »Und als sie noch Sex hatten, war er erfüllend?«, frage ich. Wieder antwortet er: »Ja, es war toll. Es war uns ganz wichtig, jedenfalls mir.« Und wieder nickt sie dazu. »Mir auch.«

Der Sex kann noch so gut sein, auf Dauer scheinen Sexualität und eine stabile Partnerschaft so gut zueinander zu passen wie Champagner zu Heringssalat. Das Paar in meiner Praxis ist kein Einzelfall. Erstaunt bemerken wir sexuell Befreiten, wie sich die Sexualität verabschiedet, ohne dass wir sie aufhalten können.

Dabei lieben wir Sex. Wir wollen nicht ohne körperliche Leidenschaft leben. Wenn wir nicht mit unserem Partner schlafen, dann fürchten wir, dass es ein anderer tut. Eine drastisch sinkende Koitus-Frequenz löst Beziehungsalarm aus. Die Sexualität braucht Hilfe!

Doch die Sexualität ist gar nicht der Klient. Der Sex ist ja durchaus lustvoll. Er findet nur nicht statt. Sexuelle Unlust lässt sich nur lösen, wenn wir anerkennen, dass es beim Sex selten um Sex geht. Sondern um Nähe, um Macht, um Dominanz, Verlustangst oder mangelndes Selbstvertrauen.

Wenn wir »miteinander schlafen«, wollen wir doch nicht nur den Akt, den Penis in der Vagina, den Orgasmus. Und wir suchen auch mehr als Körperkontakt, Ekstase und Sinnlichkeit. Obwohl das ja schon eine ganze Menge ist. Wir wollen Liebe machen. Das Englische sagt es treffend: »to make love«. Wie schön! Einander treffen. Einander wertschätzen. Einander begehren. Einander fühlen wollen, nah sein wollen. Nie mehr getrennt sein wollen. Wir suchen mehr als das große Rein-Raus-Spiel. Wir finden zueinander.

»Während zufriedene Partner der Sexualität an ihrem Beziehungsglück nur einen Anteil von 15 bis 20 Prozent zuschreiben, glauben unglückliche Partner, dass ihr Beziehungsstress zu 50 bis 70 Prozent auf sexuellen Problemen beruht«, schreibt die kanadische Paarforscherin Professor Sue Johnson. Doch die dahinsiechende Sexualität spiegelt die verloren gegangene Nähe nur wider. Sie ist nicht die Ursache.

Da ist die Frau, die sich der Sexualität entzieht, weil sie sich ohnehin von ihrem Mann völlig vereinnahmt fühlt. Der Mann, der sich nicht traut, seine Frau zu verführen, weil er sich ungeliebt fühlt, und ihn die Angst weiterer Ablehnung lähmt. Die Frau, die sich unverstanden fühlt und der die Geborgenheit fehlt, um sich sexuell hinzugeben. Oder der Mann, der sich verschlossen hält, weil er durch erlebte Untreue tiefer verletzt ist, als er sich eingesteht.

Weil es in der partnerschaftlichen Sexualität um so viel mehr als um Sex geht, helfen heiße Spitzendessous und gemeinsame Porno-Abende eben auch nur bedingt. Wenn der Sex schwächelt, ist die Intimität gestört, und die gesamte Partnerschaft muss zum Beziehungs-TÜV. Wo stehen wir wirklich miteinander? Was hält uns auf Distanz zueinander?

Konfrontierende Offenheit kann verlorenes Vertrauen wiederherstellen. Und durch liebevolle Zuwendung wiedergewonnenes Vertrauen kann Offenheit wieder ermöglichen. Die Lust zieht wieder im Doppelbett ein, wenn beide fühlen können, dass es beim Sex selten um Sex geht.

SEX GESCHIEHT NICHT VON ALLEINE

Das Ehepaar C. grient um die Wette. Ihre Mundwinkel wollen himmelwärts, aber sie unterdrücken ihren Stolz und ihre Verlegenheit. Was auch zu verstehen ist. Denn wie blöd ist es, dem eigenen Paartherapeuten zu berichten, dass mitten in der sexuellen Wüste eine Oase gefunden wurde. »Wir hatten Sex!« Nach zwei Jahren das erotische Niemandsland zu verlassen, fühlt sich natürlich ein wenig so an, als würde man Papa stolz verkünden, dass man sich gerade zum ersten Mal alleine die Schuhe zugebunden hat. Triumphierend, weil man es endlich geschafft hat. Und peinlich, weil alle anderen es schon lange können. Vorsichtig beschreiben sie ihre Gefühle. Und dann sagt Frau C. diesen wunderbaren Satz: »Naja, ich habe dann auch zu Gerd gesagt, wo das doch so gut ist, wieso machen wir es dann nicht öfter?«

Mit diesem Satz ist das Ehepaar nicht allein. Ich höre ihn immer wieder. Und um ehrlich zu sein, ich habe ihn auch mich schon sagen hören. Denn die Sexualität einer langjährigen Beziehung verändert sich. Wenn man die Ergebnisse der Schlafzimmer-Forschung zusammenfasst, dann findet Sex immer seltener statt, je länger eine Beziehung andauert. Obwohl langjährig vertraute Partner ihre erotischen Wünsche besser miteinander teilen können. Wenn wir uns kennen lernen, fühlt sich unsere Sexualität sehr »triebhaft« an. Wir leben keine Sexualität, die Sexualität lebt uns.

Aber unsere sexuellen Impulse werden zunehmend vom Leben überwuchert. Die bisher vollautomatisch ablaufende Leidenschaft endet. Sex wird seltener und seltener. Und die Paare kämpfen mit dieser Veränderung. Doch im Grunde kämpfen sie nicht. Sie hoffen. Wir warten, dass irgendwann die Leidenschaft wieder aufflammt. Doch wir erfahren, dass wir im Wartezimmer der Lust festsitzen und uns niemand dort abholt.

In langjährigen Partnerschaften ist Sex kein Selbstzünder mehr. Die einfache Formel, wonach Begehren zur Erregung und Erregung zum Orgasmus führt, reicht nicht mehr aus. Stattdessen können wir auch über Erregung, durch Stimulation, zum Begehren gelangen. Das Wichtigste dafür klingt trivial. Es wird aber oft übersehen, und deshalb können wir es uns nicht oft genug klarmachen: Sex muss uns wichtig sein. Was bedeutet, dass wir uns nicht so lange »Games of Thrones« reinziehen, bis wir komatös sind, sondern noch wach genug in die Laken hüpfen, um möglicherweise Sex zu haben. Dazu gehört auch, dass wir darüber sprechen und uns versichern, dass wir beide Sex vermissen. Das gibt uns die Sicherheit, weiter vom Partner begehrt zu sein. Und dies macht uns mutiger, Sex zu initiieren und uns erregend zu berühren, um sexuell miteinander zu werden. Denn letztlich müssen wir Sex absichtsvoll und bewusst herbeiführen. Viele Paare spüren das und haben deshalb in schweigendem Einverständnis kleine Rituale entwickelt. Wenn sie ins Bett schlüpft und ihre unvermeidlichen Bettsocken auf dem Nachtkasten liegen lässt, dann ist Sex jetzt möglicherweise eine gute Idee.

Wir müssen unser erotisches Leben nicht in die Fantasie verschieben oder resigniert Matthew McConaughey oder Scarlett Johannson anschmachten. Unsere Sexualität kann lebendig bleiben, wenn wir anerkennen, dass Sex nicht von alleine geschieht.

NEIN GEWINNT

Manchmal passt das Leben auf eine Postkarte. Ein Schwarz-Weiß-Foto: Ein älteres Ehepaar sitzt an den gegenüberliegenden Seiten eines kleinen Tisches, der in einem Garten vor einer Hauswand steht. Die beiden haben sich auf den Tisch gestützt und gucken etwas mürrisch aus dem Bild heraus. Und in den Sprechblasen über ihren Köpfen steht dieser Dialog:

Die Frau: »Sag was!«

Der Mann: »Nö!«

Das ganze Paardrama in drei Worten. Es ist komisch, weil der Mann so rigoros ist und sich überhaupt keine Mühe gibt. Und weil seine Partnerin, das ist klar, absolut keine Chance hat. »Nö« gewinnt. Aus Erfahrung wissen wir, wie schrecklich es sich anfühlt, wenn wir tatsächlich einem »Nein« hilflos ausgeliefert sind. Weil uns dieses »Nö« aber nichts anhaben kann, lachen wir erleichtert darüber.

Wer sich verweigert, hat die Macht. Das erleben wir nirgendwo so direkt und heftig wie in der Sexualität. Wenn einer Lust hat, der andere aber nicht, dann war es das mit dem schönen Abend. Der Sexologe David Schnarch wird nicht müde, immer wieder darauf hinzuweisen, dass der Partner mit dem geringeren Begehren die Sexualität des Paares bestimmt. Die machtvollste Handlung in einer Beziehung ist immer, sich aus der Beziehung zurückzuziehen. Wer bestimmt letztlich die Beziehungsgespräche? Der Schweigsame. Denn die Kommunikation ist am Ende, bevor sie begonnen hat, der Sex hat sich erledigt und der Partner ist aufgeschmissen.

Paare entwickeln mit der Zeit solche Beziehungsmuster. Nehmen wir an, Eva sei sexuell aktiver, und Adam fühle sich dadurch zunehmend unter Druck. Er beginnt Situationen auszuweichen, in denen er Eva direkt zurückweisen müsste. Eva merkt, dass Adam sich entzieht und versucht erst recht, ihn zu erreichen. Sie hält ihm sozusagen einen Apfel nach dem anderen vor die Nase. Wodurch sich Adam aber wiederum so bedrängt fühlt, dass darüber auch noch seine letzten spontanen erotischen Impulse erlöschen. Es endet damit, dass Eva wirklich bald auf jede erdenkliche Weise fordert: »Sag was!«. Während Adam immer mehr hinter einem fetten »Nö!« zu verschwinden scheint. Irgendwann schnappt sich Eva dann fluchend ihr Bettzeug und zieht unter Absingen hässlicher Gesänge über ihren schlappschwänzigen Ehemann aufs Wohnzimmersofa. So stinkwütend wirkt sie bedrohlich und entschieden. Doch tatsächlich ist sie traurig und fühlt sich einsam und wertlos. Und natürlich fühlt sich auch Adam keineswegs mächtig. Im Gegenteil. Er fühlt sich unverstanden und verzweifelt.

Den Weg aus diesem Dilemma finden Paare, wenn Neinsager wie Adam ihre Macht anerkennen und sich wieder in die Beziehung einbringen. Und zeigen, wie entwertet und unsicher sie sich wirklich fühlen. Und wenn gleichzeitig Verfolger wie Eva aufhören zu wüten und stattdessen mehr von ihrer Trauer und Einsamkeit mitteilen. Das ist alles andere als leicht. Aber möglich und nötig. Denn solange »Nein« gewinnt, haben alle verloren.

AFFÄREN SIND ÜBERLEBBAR

Es herrscht eine gewisse Spannung im Therapieraum. Es ist die erste Sitzung für Falk und Jana. »Willst du anfangen?«, fragt Jana ihren Mann. Aber Falk schüttelt den Kopf: »Nein, mach du mal!« Jana atmet durch und sagt dann: »Ich hatte eine Affäre.« Und wie sie es sagt, klingt es ein wenig wie: »Ja, und damit habe ich unsere Beziehung wohl endgültig zerstört.« Es ist nicht schwer, hinter ihren ernsten Gesichtern einen Gefühlsaufruhr aus Angst, Schuld, Wut und tiefer Trauer zu erahnen. Ich sage es nicht, aber ich denke in diesem Moment, dass Affären zwar furchtbar schmerzhaft, aber für ein Paar überlebbar sind. Ich frage: »Mögen Sie ein wenig mehr dazu sagen?«

Affären sind immer ein doppelter Schmerz. Unser Partner hat etwas ganz Intimes, Sexualität und meistens auch Zärtlichkeit mit jemand anderem geteilt. Er hat die unsichtbare Mauer durchbrochen, die uns als Paar zusammenhält. Durch die Affäre ist Sex als verbindende Sicherheit verloren gegangen. Und zusätzlich wurden wir betrogen und angelogen. Er hat verheimlicht, was er gefühlt hat und unsere Beziehung in Gefahr gebracht. Denn aus Lust wird schnell Liebe. Bei jedem Orgasmus schüttet unser Körper Bindungshormone aus.

Wenn die Gelegenheit günstig und die sexuelle Anziehung überwältigend ist, ist niemand völlig immun gegen ein sexuelles Abenteuer. Da kann die eigene Beziehung Güteklasse AAA sein. Wer das bezweifelt, versucht sich vor der Macht der Erotik zu schützen. Eine sexuelle Affäre ist also nicht von vornherein ein Zeichen fehlender Liebe oder das unbedingte Ende einer Liebesbeziehung. Ungefähr 40 Prozent aller Partner erliegen der Versuchung und gehen irgendwann mindestens einmal wirklich fremd. Andere knutschen nur mal in der Bar oder gehen gedanklich fremd.

Wenn es jedoch zu einer intensiven Affäre kommt, dann befand sich die Partnerschaft häufig bereits in irgendeiner Krise. Das ist die Chance, die eine (aufgeflogene und beendete) Affäre bietet. Sie macht schwelende Probleme unübersehbar. Sie bringt zur Sprache, was nur ein diffuses oder verleugnetes Unbehagen war. »Häufig haben wir Affären nicht, weil wir eine andere Person suchen, sondern weil wir uns selbst suchen. Es geht gar nicht so sehr darum, dass wir die Person verlassen wollen, mit der wir zusammen sind, als dass wir die Person verlassen wollen, zu der wir geworden sind.«, sagt die amerikanische Sexualexpertin Esther Perel. Tatsächlich scheinen sich nur rund 10 Prozent aller Affären in feste Liebesbeziehungen zu verwandeln. Die meisten Affären bleiben vorübergehende Nebenbeziehungen.

Affären sind nicht notwendigerweise ein Trennungsgrund. Eine Affäre aufzuarbeiten, ist ein langwieriger, aber möglicher Prozess. Das zu wissen, macht es leichter, den Betrug einzugestehen. Jana hatte Angst, dass Falk sich von ihr trennen würde, wenn sie ihr Fremdgehen gestehen würde. Und über eine lange Zeit hat sie das auf eine paradoxe Art in der Affäre festgehalten.

Die meisten Affären zerstören eine Beziehung nicht. Das ist keine Aufforderung, mehr Affären zu haben. Sondern sie eher zu gestehen. Wenn die Bedürfnisse, die in einer Affäre gesucht oder gefunden wurden, wirklich verstanden und die Fragen beantwortet werden, die zwischen den Partnern entstanden sind, dann kann eine Affäre für eine Beziehung sogar nicht das Ende, sondern vielmehr der Anfang sein. Affären sind überlebbar.

VI

KOMMUNIKATION

Die endlosen Teufelskreise

Eine Frau und ein Mann sitzen am Frühstückstisch. Sie sind ein Paar. Er hat sich gerade einen Kaffee gemacht. Jetzt wendet er sich an sie.

Er: »Reich mir doch bitte mal den Zucker!«

Sie greift zum Zucker und gibt ihn ihm. »Bitte!«

Er: »Danke!«

Ein einfacher kommunikativer Akt. Doch so läuft das Leben nicht. Jedenfalls meistens nicht. Sonst würden Sie jetzt nicht dieses Buch lesen. Selbst die scheinbar einfachste Kommunikation am Frühstückstisch ist in Wirklichkeit niemals einfach.

Eine Frau und ein Mann sitzen am Frühstückstisch. Sie sind ein Paar. Er hat sich gerade einen Kaffee gemacht. Jetzt wendet er sich an sie.

Er: »Reich mir doch bitte mal den Zucker!«

Sie findet seinen Ton einen Hauch zu fordernd. Außerdem ist sie ohnehin schon ein wenig verärgert, weil er sie den Tisch hat alleine decken lassen. Und stattdessen an seinem Smartphone rumgefummelt hat. Sie greift zum Zucker und hält ihn ihm hin.

»Da, bitte!«

Er schaut sie an, denn er meint einen unfreundlichen, leicht aggressiven Unterton zu hören. »Danke!«

Er blickt sie weiter an. »Ist alles okay?« Er ist jetzt auch schon ein wenig genervt, weil er ahnt, dass ihr irgendetwas missfallen hat, und gleich wird es über ihn hereinbrechen. Er ist auf der Hut. Aber er ist auch müde vom langen Feiern gestern.

Sie bemerkt seine leichte Gereiztheit und möchte gar keinen Streit an diesem schönen Morgen. Aber wenn sie jetzt sagen würde, dass gar nichts ist, wäre es gelogen, und er würde es ohnehin merken.

Also sagt sie: »Ja. Ich fand es nur schade, dass ich wieder mal den Tisch alleine decken musste.«

Ende der Live-Übertragung. Wir wissen alle, wie so ein Gespräch weitergehen kann. Entweder sie klären die kleine Verstimmung miteinander, verstehen, was im anderen vorgegangen ist, und entschuldigen sich für ihre eigenen Angriffe und Versäumnisse. Dann wird es ein netter Morgen. Oder der hübsch gedeckte Frühstückstisch verwandelt sich in ein kleines Schlachtfeld. Sie werden wütend aufeinander werden. Er wird den Kaffee umwerfen und sie wird aus dem Zimmer rennen. Und dann werden sie beide das Gefühl haben, dass sie einfach nicht miteinander kommunizieren können. Denn worum ging es bitteschön nochmal? Um Zucker?

»Wir können echt nicht mehr miteinander reden. Wir müssen unbedingt an unserer Kommunikation arbeiten.« Das ist die häufigste Klage von Paaren, die zur Paartherapie kommen. Sie glauben lernen zu müssen, wie man richtig kommuniziert. Und dann wäre, wie der Norddeutsche sagt, der Fisch geputzt. Sie könnten besser miteinander sprechen, einander verstehen und »glücklicher« miteinander leben.

Nun ist ja nicht abzustreiten, dass die Kommunikation in belasteten Paaren schneller zusammenbricht als ein Bundesliga-Profi, der einen Elfmeter rausschinden will. Wenigstens ein Partner hat schon nach wenigen Worten das Gefühl, völlig missverstanden oder kritisiert zu werden. Und es gibt scheinbar keine Möglichkeit, sich einander verständlich zu machen. Ist es da nicht sinnvoll zu lernen, bei einem Thema zu bleiben? Nicht »man« zu sagen, wenn »ich« gemeint ist. Den Partner ausreden zu lassen. Zu äußern, wenn man nicht mehr gut zuhören kann. Kommunikationssandwiches zu basteln, also einen Tadel zwischen zwei positive Anerkennungen zu packen. Oder dem Partner zu spiegeln, was man ihn hat sagen hören. Sinnvolle Kommunikationsregeln lassen sich lernen. Aber davon gibt es so viele, dass wir sie nicht immer alle parat haben. Allein in einem Fachbuch für Paartherapie sind fast vierzig solcher Regeln aufgelistet. Aber das eigentliche Problem ist, dass wir sie nur anwenden, wenn wir guter Dinge sind. Denn so wenig uns die abgefahrensten Tanzschritte helfen, wenn wir die Musik nicht hören, so wenig helfen uns Kommunikationsregeln, wenn unsere Gefühle uns überfluten.

Was erleben wir wirklich, wenn wir nicht mehr miteinander sprechen können und uns immer wieder in Beziehungssackgassen quatschen? Fehlen uns tatsächlich die richtigen Worte? Können wir uns wirklich »nicht so gut ausdrücken«, wie es Klienten in der Therapie oft von sich behaupten? Oder vergreifen wir uns tatsächlich einfach nur im Ton, wie sich das Partner gerne vorwerfen? Wir wissen, dass wir unseren Partner nicht »Trottel« nennen sollten. Und dass es dumm ist, ein Gespräch schreiend und klagend zu beginnen. »Unglaublich! Wie du dich wieder danebenbenommen hast, das ist nicht normal!« Wir wissen, dass wir nicht über den anderen sprechen sollten, weil der sich dann sofort rechtfertigen muss, sondern über unsere Gefühle. »Senden Sie Ich-Botschaften!« Das haben wir mittlerweile tausendmal gelesen. Doch mitten im Paartumult hören wir uns dann genau das Gegenteil sagen. »Du willst doch gar nicht wissen, wie es mir geht!« »Du willst doch nur dein Ding durchziehen!« Wenn unsere Gefühle hochschießen, haben wir in Sekundenbruchteilen vergessen, dass es so etwas wie »Ich-Botschaften« überhaupt gibt. Und falls wir uns doch erinnern, dann ist es ist uns jetzt gerade sch…egal. Wir reagieren nicht mehr auf Inhalte. Und wir reagieren kaum noch auf unseren Partner. Schon normaler Beziehungsstress reicht aus. Wenn die Luft etwas dicker ist, dann wird die Hälfte aller positiven Kommunikationsversuche des Partners nicht mehr wahrgenommen. Der angespannte Ton in der Stimme wirkt stärker als jede Formulierung. Wir könnten also richtig gut kommunizieren, aber es käme gar nicht an.

Es liegt nur selten an unseren mangelhaften kommunikativen Fähigkeiten, wenn unsere Paargespräche scheitern. Es liegt daran, dass unsere Gefühle nicht zulassen, dass wir unsere Fähigkeiten anwenden oder auf die Aussagen des Partners eingehen. Solange wir Konflikte fürchten, kein Vertrauen in den anderen haben oder voller Groll und alter Verletzungen sind, ist es schwer bis unmöglich, gut zu kommunizieren. Gefühle haben Vorrang vor Einsicht. Unser Gehirn ist hierarchisch geordnet. Starke Gefühle beeinflussen unser Denken, unser Bewusstsein. Aber umgekehrt können wir mit unseren bewussten Gedanken unsere Gefühle nur schwer und indirekt beeinflussen. Angenommen, unser Liebster hat unseren Geburtstag vergessen. Dann können wir noch so intensiv daran denken, dass er ihn ja die letzten sechs Jahre immer erinnert hat. Und er überhaupt ein ganz liebenswerter Mensch ist. Trotzdem schießen uns die Tränen der Enttäuschung in die Augen. Weil in unserem limbischen System, dem Gefühle verarbeitenden Teil unseres Gehirns, alte, erlernte Gefühlsmuster abgerufen werden, ist das Leben miteinander mühsam und verwirrend. Je intensiver unsere Gefühle sind, umso schwerer fällt es, sensibel und angemessen zu kommunizieren. Unser autonomes Nervensystem geht in den Alarmzustand über. Unsere Wahrnehmung verengt sich, wir können nichts Neues aufnehmen. Wir hören nicht zu. Wir müssen erst aus dem Zustand emotionaler Erregung heraus. »Das traurige Ergebnis für Beziehungen ist, dass sich kreatives Problemlösen, aktives Zuhören, Mitgefühle und unser Sinn für Humor verabschieden«, so John Gottman.

Der entscheidende Schritt zu einer besseren Paarkommunikation ist anzuerkennen, dass unsere Gefühle unsere Kommunikation bestimmen. Wir können unseren Emotionen nicht freien Lauf lassen und einfach darauf losplappern. Erst wenn wir lernen, uns selbst und den anderen so zu beruhigen, dass wir offen und zugewandt miteinander bleiben, haben wir eine Chance auf gute Gespräche, auf einen liebevollen Kontakt. Das widerspricht unserem Bedürfnis, uns in unserer Liebesbeziehung nicht kontrollieren zu müssen, sondern so sein zu können, wie wir sind. Aber gute Paarkommunikation bedeutet, den Strom unserer Gefühle gemeinsam managen zu lernen. Die Erkenntnisse der Forschungen besagen: Wir brauchen andere Menschen, um unsere Emotionen zu regulieren. Gerade in der Partnerschaft brauchen wir einander, um uns selbst beruhigen zu können. Ist unser Partner uns wohlgesonnen, beruhigt uns das. Erscheint er uns gleichgültig, desinteressiert oder gar feindlich, dann alarmiert uns das. Und da Kommunikation immer wechselseitig verläuft, beeinflusst B., was A. sagt, und B.'s Reaktion beeinflusst wieder A., und endlos so weiter. Eine Liebesbeziehung ist ein endloses Gespräch, aus dem niemand aussteigen kann. Ohne die immense Kraft dieses systemischen Geschehens zu verstehen, können wir das Scheitern unserer Kommunikation nicht begreifen und nicht verändern. Deshalb jetzt hier ein Beispiel.

Matthieu ist vor ein paar Jahren zu Robert nach Deutschland gezogen. Seine engen Freunde leben in seiner Heimat. Er sieht sie selten, meistens, wenn sie auf Besuch kommen. So auch an diesem Wochenende. Matthieu freut sich, Zeit mit seinen Freunden verbringen zu können. Er möchte mit ihnen ausgehen, ohne dass Robert dabei ist. Robert versteht das sofort. Aber trotzdem ist er am nächsten Tag mies gelaunt und fühlt sich von Matthieu schlecht behandelt. Er verzieht sich in sein Zimmer. Und auch abends, als sie wieder alleine in der Wohnung sind, will er nicht sprechen und geht früh zu Bett. Was Matthieu wütend macht. Er beschimpft ihn, macht ihm Vorwürfe für sein »kindisches« Verhalten. Er fühlt sich von Robert ungerecht behandelt und bestraft. Er weiß, dass er nichts falsch gemacht hat, und will, dass auch er das anerkennt. Robert aber fühlt sich durch Matthieus Wut erst recht abgelehnt. Das macht ihn traurig, was er aber schamvoll zu verbergen sucht. Am nächsten Tag versucht er, gute Stimmung zu erzeugen, indem er besonders nett zu Matthieu ist, die Küche aufräumt und Smalltalk macht. Matthieu wiederum macht genau das wahnsinnig. Wenn Robert so tut, als sei nichts. Er versucht, es ihm erst ruhig zu sagen, aber dann wird er doch wieder laut und vorwurfsvoll, weil Robert nicht aus seiner Deckung kommt. In Robert bestärkt es das Gefühl, nie zu genügen, und dagegen wehrt er sich mit aller Kraft. Sie geraten in eine ihrer heftigen Streitigkeiten, die sie beide immer völlig auslaugen und noch tagelang beschäftigen.

Robert und Matthieu treffen auf die Dämonen ihrer Kindheit. Es sind alte Ängste, die in ihnen berührt wurden und auf die sie reagieren. Robert war der Jüngste in seiner Familie. Ein Nesthäkchen. Als er klein war, lebten seine Geschwister schon in ihren eigenen Welten. Die Beziehung seiner Eltern war angespannt und Robert fühlte sich nie wirklich sicher in seiner Familie, sondern wie ein geduldeter Außenseiter. Er verließ seine Familie, so früh er konnte, und zog mit siebzehn aus.

In Matthieus Familie ging es streng zu. Jeder hatte seine Aufgaben und musste funktionieren. Über Gefühle wurde nicht gesprochen, die Eltern straften mit vorwurfsvollem Schweigen, wenn sie mit ihren Kindern nicht einverstanden waren. Matthieu war oft wütend und wurde für seinen Trotz erst recht mit Nichtachtung bestraft. Selbst heute hat er keinen Kontakt zu seinen älteren Schwestern, die sich ganz von der Familie zurückgezogen haben.

So ist zu verstehen, dass Robert auf das Gefühl des Ausgeschlossenseins traurig reagiert. Und Matthieu es nicht ertragen kann, wenn dicke Luft herrscht, es aber keine Möglichkeit gibt, den Konflikt zu klären. Doch das sind nur die Auslöser für den Teufelskreis von Vorwurf und Rechtfertigung, in den sie dann geraten. Ein typischer Prozess. Die Situationen wird dann schwierig, wenn das Paar in einen sich selbst verstärkenden Kreislauf hineingerät. Im verzweifelten Versuch, die Situation zu klären, verwandelt sich ein Partner dabei in einen Angreifer (Matthieu). Der andere Partner versucht dann, diesen Angriffen auszuweichen. Er verteidigt sich und zieht sich immer mehr vor den Attacken zurück (Robert). Er wird zu einem »Rückzügler« und ist für den verfolgenden Partner immer schwerer zu erreichen.

Statt »Angreifer« könnten wir den Nähe fordernden und dabei Vorwürfe machenden Partner auch »Verfolger« nennen. Und den sich zurückziehenden und verstummenden Partner »Zurückzieher«. Die Bezeichnung ist nicht entscheidend. Entscheidend ist, dass wenn diese Verhaltensmuster erst einmal entstanden sind, ein Teufelskreis in Gang gesetzt wird, der schnell eskaliert. Denn je mehr sich der Rückzügler zurückzieht und verteidigt, umso verzweifelter attackiert ihn der Angreifer. Und je verzweifelter der Angreifer darum kämpft, den Rückzügler endlich zu erreichen, umso mehr fühlt der sich unter Beschuss und zieht sich noch weiter zurück. Angreifer sind keine aggressiven Unmenschen. Und Rückzügler keine schüchternen Angsthasen. »Angreifer« und »Rückzügler« beschreiben Positionen, in die wir geraten. Und die eine sinnvolle Verständigung so lange unmöglich machen, bis wir diesen Kreislauf durchbrechen können.

Die treibende Kraft hinter dieser Dynamik sieht die kanadische Paarforscherin und -therapeutin Sue Johnson in der Angst um unsere Bindung (siehe Kapitel Bindung auf Seite 41). Der Kreislauf von Angriff und Rückzug wird unterschwellig durch Bindungswünsche und Trennungsängste angetrieben. Wir kämpfen darum, unsere gute Beziehung, unsere sichere Bindung an unseren Partner nicht zu verlieren oder sie wiederherzustellen. »Das Verlangen nach emotionaler Verbindung zu den uns am nächsten Stehenden ist unser wichtigstes emotionales Bedürfnis und stellt sogar unseren Drang nach Essen oder Sex in den Schatten.« Der Wunsch nach Verbindung, ja die absolute Notwendigkeit zu emotionaler Verbundenheit scheint tief in unser Gehirn codiert zu sein. Sobald sie bedroht ist, löst das in uns unbewusst fast panikartige Reaktionen aus. Und treibt uns so immer weiter auseinander.

Der »Angreifer« will zum anderen vordringen. Er will die Ver-Bindung wiederherstellen. Unbewusst protestiert er lautstark und energisch dagegen, alleingelassen zu werden, unverstanden zurückgelassen zu werden. »Rückzügler« handeln ebenfalls aus dem Bedürfnis heraus, die Verbindung nicht abreißen zu lassen. Nur wählen sie einen anderen Weg. Sie versuchen die Bindung zu bewahren, indem sie sie vor weiterem Schaden schützen wollen. Sie ziehen sich in sich zurück und halten still, damit nicht alles noch schlimmer wird. Solange die Verbundenheit im Paar nicht wiederhergestellt ist, bestimmt dieser Konflikt unbewusst jedes Gespräch, jeden Blick, jede Frage. Der Alltag mag oberflächlich weitergehen. Darunter spielt die Musik der unsicheren Bindung, der verlorenen Nähe, die jeden Schritt des Paares mitbestimmt.

Angreifer-Rückzügler ist die häufigste Dynamik, die in der Kommunikation von Paaren auftritt. Es gibt aber auch Paare, in denen die Rollen manchmal wechseln, in der kein ganz eindeutiges Muster entsteht. In anderen Paaren entstehen zwei Angreifer, weil keiner zurückweicht. Die Partner geraten in einen Dauerclinch und werfen sich gegenseitig vor, die Schuld am Streit zu haben, und glauben, selbst nur so aggressiv zu reagieren, weil ihnen der andere keine andere Wahl lässt. Irgendwann kommen diese Paare in eine Situation, in der jede Kommunikation zwischen ihnen augenblicklich in einem erbitterten Streit endet.

In Paaren aus zwei Rückzüglern dagegen herrscht eher lähmende Stille. Die wirklich wichtigen Gefühle und Konflikte werden nicht angesprochen. Jeder ist mit sich selbst beschäftigt, sucht die Schuld bei sich, versucht innerlich Lösungen zu finden, ohne den anderen einzubeziehen. Die Kommunikation bleibt oberflächlich harmonisch, harmlos. Darunter herrscht eine tiefe Einsamkeit. Und der leichteste Vorstoß eines Partners führt zu einem weiteren unsicheren Rückzug des anderen.

Irgendwann enden Paare in Gefühlen tiefster Frustration und Verzweiflung, weil sie aus ihrem Muster nicht heraus-, sondern immer tiefer hineingeraten. Jetzt entsteht das Gefühl, das viele Paare dann mit der Wendung »Unsere Kommunikation funktioniert überhaupt nicht mehr« ausdrücken.

Jedes Paar gerät in solche oft eskalierenden Muster. Manche verstricken sich völlig, andere können sich leichter daraus lösen und geraten nur in Krisenzeiten hinein. Streit scheint dabei häufig das Ende der Kommunikation zu sein. Doch Streit ist nur oberflächlich das Problem. Wenn beide fähig sind, sich den Frust auch mal um die Ohren zu knallen, kann das eine blockierte Kommunikation durchaus in Gang bringen. Der wahre Kommunikations- und Beziehungskiller ist, keine Reaktion zu bekommen. Jede Reaktion ist besser als keine Reaktion, wenn es darum geht, einander zu erreichen. Keine Reaktion zu bekommen, lässt uns allein, unsicher und alarmiert zurück.

Vielleicht haben sie schon einmal etwas über die berühmten vier apokalyptischen Reiter gelesen. John Gottman hat so das Kommunikationsverhalten genannt, an dem ablesbar ist, ob ein Paar in echten Schwierigkeiten ist. Die vier Reiter sind Kritik, Rechtfertigung, Verachtung und Mauern. Alle vier beschreiben Verhaltensweisen, die verhindern, dass Partner einander noch erreichen. Kritisieren greift den anderen als Person an und zwingt ihn in die Rechtfertigung. Der Kritik Übende, sein Verhalten und was in ihm vorgeht, bleiben außen vor. Im Rechtfertigen lassen wir nichts mehr an uns heran, sondern wenden es augenblicklich wieder gegen den Partner. Im Verachten haben wir den Partner so entwertet, dass wir gar nicht mehr auf seine Äußerungen eingehen. Und im Mauern reagieren wir schlicht gar nicht mehr. Der Tod der Kommunikation spiegelt dann das Ende der Beziehung.

Woran können wir uns also orientieren, um unsere Kommunikation zu verbessern? Der Königsweg zu einer lebendigen Beziehung und guter Kommunikation ist Einfühlung. Wir fühlen uns geborgen, wenn wir spüren, dass unser Liebster begreift, was wir erleben, wie wir uns fühlen. Es muss ihm nicht einmal sofort gelingen. Wir möchten nur erleben, dass es ihm wichtig ist, sich in unsere Welt einzufühlen.

Der Sozialpsychologe Anatol Rapoport hat als Richtlinie für Verhandlungen dargelegt, was auch für Beziehungen gilt: »Versuche deinen Partner nicht zu überzeugen, Probleme zu lösen oder Kompromisse einzugehen, bevor du nicht in der Lage bist, die Position des anderen zu dessen Zufriedenheit zu verstehen.« Das ist die Grundregel. Meistens setzen wir unser ganzes Geschick ein, vom anderen verstanden zu werden. Was aber so ist, als würden wir versuchen, auf jeden Fall zuerst durch die Tür zu kommen. Und dabei notfalls auch mit Schubsen und Drängeln. Drehen wir es herum. Richten wir unser Augenmerk in Konflikten auf seine Lage, auf seine Gefühlswelt. Verstehen wir ihn zuerst. Und bringen erst dann unsere Meinung ein. Machen wir es uns zur Regel, den anderen zu verstehen wichtiger zu nehmen, als uns verständlich zu machen. Wenn wir das Wesen von Kommunikation verstehen, dann ist klar, dass dies der bessere Weg ist. Denn grundsätzlich gilt in der Kommunikation: Den Inhalt der Kommunikation bestimmt nicht der Sender, sondern immer der Empfänger. Wir können uns unendliche Mühe geben und die besten Worte wählen: Kommuniziert ist nur das, was unser Gegenüber aufnimmt, was bei ihm ankommt, wie es von ihm verstanden wird, was ihn erreicht.

Sensible Empfänger für die Anliegen unserer Partner zu werden, ist ein Kommunikationsziel, an dem wir uns immer wieder orientieren können.

Die weitaus meiste Kommunikation geht schief. Das ist kein schlimmes Zeichen. Das ist normal, denn Kommunikation ist komplex. Der wichtigste Schritt für Paare ist, die eigene Kommunikation wie auf einem inneren Monitor mitzuverfolgen. Also nicht nur zu sprechen, sondern verantwortlich zu beobachten, wie das Gespräch verläuft. Die Beziehungsebene neben den Inhalten immer mit im Blick zu haben. Wann wird es angespannt? Sprechen wir noch über das Thema? Muss ich mich erst beruhigen? Wie kann ich dich beruhigen?

Wenn es kritisch wird, ist es sinnlos, einfach weiterzureden. Gerade dann müssen wir unsere Gespräche »führen«. Wir können Dialoge leichter »führen«, wenn wir mitteilen, wie wir das Gespräch gerade erleben, und wenn wir äußern, dass unserer Gefühlspegel gerade steigt. »Ich bin irritiert über deine harte Reaktion. Ich fühle mich nicht verstanden. Kannst du mir vielleicht sagen, was du mich hast sagen hören?« Und wir können Fragen stellen, um unsere Wahrnehmungen zu klären. »Ich finde wir verzetteln uns. Ich werde ungeduldig. Wie geht es dir?« Wenn wir den Dialog selbst zum Teil unseres Dialogs machen, wird Kommunikation einfacher.

Häufig spüren wir einen Widerstand, das zu tun. Wir wollen nicht immer derjenige sein, der darauf achten muss, dass wir nicht gemeinsam ausflippen. Wir möchten nicht vorgeworfen bekommen, dass wir jetzt dem anderen auch noch vorschreiben wollen, was er zu sagen hat. Doch es ist die bessere Position, wenn wir der Supervisor unserer eigenen Kommunikation bleiben. Wenn wir unsere Kommunikation nicht aus der Hand geben.

»Man kann nicht nicht kommunizieren.« Das ist die erste und grundsätzlichste Kommunikationsregel. Der Psychologe Paul Watzlawick hat sie formuliert. Wir verstehen sie. Denn in unseren Liebesbeziehungen erleben wir diese Wahrheit in jedem Augenblick. Wir nehmen einander ständig wahr. Alles: Was wir tun, was wir sagen, wie wir es tun, wie wir es sagen. Der Tee, den wir für den anderen kochen. Wie wir den Kuss erwidern, der uns gegeben wird. Ob wir die Hand berühren, die neben unserer liegt. Der Blick, dem wir nicht ausweichen, das Abschiedsritual, das wir einhalten. Der Philosoph Rémi Brague hat die Essenz von Kommunikation so formuliert: »Dialog bedeutet, den anderen so zu begreifen, wie er sich selbst begreift.«

KLÄREN LÄSST SICH NUR DIE GEGENWART

»Du wolltest dann unbedingt alleine auf die Party gehen. Und warum? Weil du wusstest, dass diese Elin auch kommt. Und dann hast du natürlich nichts Besseres zu tun gehabt, als mit ihr rumzuknutschen!« Das ist Manuelas Version. »So war es überhaupt nicht! Du hast mich angeschrien, ich solle bloß abhauen und du wolltest mich nie wieder sehen und dann bin ich vor lauter Frust auf diese Party. Und diese Elin hatte ich noch nie vorher gesehen.« Das ist Stephans Version. Und es ist ungefähr das dreihundertsiebzehnte Mal, dass sie so darüber streiten.

Die Knutscherei mit Elin war für Stephan eine Frustreaktion. Und er findet, dass er seine Liebe zu Manuela bewiesen hat. Weil er eben nicht mit Elin ins Bett gegangen ist, sondern am selben Abend wieder in die gemeinsame Wohnung gekommen ist, um sich mit Manuela zu versöhnen. Für Manuela dagegen ist es ein verdammter Seitensprung. Diese Elin habe wohl nicht gleich mit ihm in die Kiste springen wollen. Und erfahren habe sie davon ja ohnehin erst über eine Freundin. Er habe es ja verschwiegen, um sich alle Optionen offen zu halten.

Jener Abend hat einen Riss in der Beziehung von Manuela

und Stephan hinterlassen. Es ist notwendig, ihn zu heilen. Gemeinsam zu verstehen, was damals geschah. Zu begreifen, was in ihrer Beziehung schiefgelaufen war. Aber dorthin gelangen sie nicht. Weil sie verbissen darum kämpfen, was denn an diesem Abend wirklich geschehen ist.

Stephan versucht seine Liebe zu beweisen, Manuela ihren Verlust an Vertrauen. Doch die Vergangenheit lässt sich nicht klären. Wir nehmen Wirklichkeit immer unterschiedlich wahr. Und je häufiger wir darüber streiten, desto weiter werden unsere Versionen voneinander abweichen. Erinnern ist kein passiver Prozess, als schauten wir uns ein altes Foto an. Erinnern ist ein aktiver Prozess. Durch jedes Erinnern verändern wir die Erinnerung. Wir formen sie ständig neu. Worum wir im Dauerstreit fighten, wird in jeder Runde nur noch eindeutiger für uns aussehen. Und der Kampf um die Erinnerung, um das »So war es doch gar nicht!« wird aus noch einem Grund so unerbittlich geführt. Wir sind darauf angewiesen, unseren Wahrnehmungen vertrauen zu können. Deshalb beharren wir so auf ihrer Richtigkeit.

Ein sich endlos wiederholender Zwist über die Vergangenheit zermürbt eine Beziehung. Denn das Paar übersieht das Wesentlichste. Dass sie die Gefühle, um die sie in der Vergangenheit streiten, jetzt, hier in der Gegenwart haben. Stephans Liebesbezeugung und Manuelas Verletztheit sind gegenwärtig. Sobald sie von der Vergangenheit abließen, hätten sie eine Chance, einander wieder näherzukommen. Er könnte sich endlich ihrem Schmerz stellen. Sie könnte deutlicher fühlen, weswegen sie sich vor ihm schützt. Sie wären wieder unterwegs.

Es geht letztlich nicht darum, dass unsere Version der Vergangenheit richtig ist. Es geht um die Gefühle, die wir hatten, und die, die wir haben. Schöne Erinnerungen können uns näher aneinanderrücken, schmerzhafte eine Distanz zwischen uns aufbauen. Aber es geschieht immer in der Gegenwart.

KEIN UND ABER

»Ja, es war doof von mir, Jan zu erzählen, dass du Antidepressiva nimmst. Ich hatte dir ja versprochen, mit niemandem darüber zu sprechen. Es tut mir leid, aber ich habe echt gedacht, es ist nicht so schlimm. Und vor Jan habe ich einfach null Geheimnisse.« Einen Augenblick lang hatte Kristin ihren Ehemann Ole versöhnlich angeschaut, aber jetzt faucht sie los: »Du bist so ein Arsch!« Und während ihr die Tränen kommen, feuert Ole schon zurück: »Das war wohl mal wieder nicht richtig, was? Soll ich mich vor Reue vor dir im Schlamm wälzen …?« Ich beuge mich vor. »Können wir mal versuchen, gemeinsam zu verstehen, was hier gerade geschieht? Was sie beide so wütend macht? Und woran ihr Versuch, sich zu versöhnen, gerade gescheitert ist?«

In der Liebe werden wir einander immer wieder verletzen. Das können wir nicht verhindern. Dazu sind wir zu empfindsam und unser Gefühlsleben zu komplex. So perfekt, dass wir einander nie enttäuschen, können wir nicht sein. So achtsam, dass wir den anderen nie aus dem Blick verlieren, werden wir nie sein. Also müssen wir lernen, wie wir uns versöhnen können.

Sich zu versöhnen ist eine emotionale Begegnung: »Ich

erkenne an, dass ich dir wehgetan habe. Ich fühle mit dir und stelle mich deinem Schmerz. Es tut mir leid, dich verletzt zu haben.« Wenn wir uns versöhnen, geht es darum, dass wir uns wieder füreinander öffnen. Und das werden wir nur tun, wenn wir uns wieder sicher miteinander fühlen. Wenn wir wissen, dass uns der andere verstanden hat. Und wie stets ist Verstehen auch hier kein Gehirnjogging. Verständnis ohne Empathie, ohne Einfühlung, ist tot, theoretisch und absolut wirkungslos.

Sich im Schlamm zu wälzen würde Ole auch nicht weiterhelfen. Denn Kristin hatte einen Augenblick lang das Gefühl, dass Ole sie versteht. Sie war fast versöhnt und bereit, sich ihm gegenüber wieder zu öffnen. Doch dann kam das Wort, dass alles zerstört hat: ABER. Kristin verschloss sich wieder. Sie hörte jetzt nur noch, dass Ole sich rechtfertigte. Dass er auch Verständnis für sie gezeigt hatte, hatte in ihrem Erleben keine Bedeutung mehr.

Wenn wir in einer Beziehung einen Konflikt klären wollen, wenn wir wieder zueinanderfinden und uns versöhnen wollen, dann brauchen wir die ganze Aufmerksamkeit und Zuwendung des Partners. Alle Paar-Kommunikationshilfen, alle strukturierten Dialoge folgen diesem Muster. Bei Kristin und Ole würde es bedeuten, dass Ole erst Kristin wirklich sein Mitgefühl zeigen würde. Und dann, wenn es Kristin erreicht hat, würde gewechselt, und sie wäre bereit und in der Lage, auch Ole zu verstehen.

Kristin ist verletzt, weil Ole ihre Wünsche missachtet hat. Er hat sie vergessen und nur an sich gedacht hat. Also hat sie sich von ihm zurückgezogen und schützt sich. Und wenn er gleich mit seinen Rechtfertigungen kommt, dann fühlt sie sich erneut missachtet, hat sie das Gefühl, er sei nicht bei ihr und es ginge nur um seine Bedürfnisse. Und bleibt ihm gegenüber verschlossen.

Wenn wir uns entschuldigen wollen, weil wir uns gerne versöhnen möchten, dann geht es nur nachrangig darum, dass wir deutlich machen, warum wir so gehandelt haben wie wir gehandelt haben. Es geht darum, dem gekränkten, verletzten Partner mit Mitgefühl zu begegnen. Deshalb gehört zu der Bitte um Verzeihung niemals ein Aber.

BESPROCHEN IST NICHT ENTSCHIEDEN

»Guck, es ist wirklich schön!« Herr J. reißt die Augen auf. Die Küche sieht aus wie der Showroom eines Porzellanladens. Auf dem Tisch stapelt sich ein komplettes Designer-Service. Menüteller, Suppenteller, Vorlegeplatten, Schüsseln, Sauciere, Suppenterrine. »Das ist doch nicht dein Ernst! Was soll das denn? Wir haben doch wirklich genug Geschirr! Und wieso sprichst du so was eigentlich nicht mit mir ab? Ich fasse es nicht!« Herr J. wird mit jedem Satz wütender. »Aber«, sucht sie sänftigend einzuwerfen, während ihr vor Enttäuschung schon die Tränen kommen, »aber darüber haben wir doch geredet. Das haben wir doch abgesprochen!«

Wir brauchen eine ganze Paarsitzung, um zu klären, wie sie einander so missverstehen konnten. Ja, er fand es auf der Abbildung auch schön. Und ja, mal ein neues anzuschaffen, ist keine schlechte Idee. Aber nein, er habe doch niemals zugestimmt, dass sie es kaufen wollten.

Im Grunde sollte es ja einfach sein zu wissen, ob man eine gemeinsame Entscheidung getroffen hat. Aber in Paarbeziehungen geht das erstaunlich oft schief. Denn erstens geht Kommunikation ohnehin erstaunlich oft schief. Überall. Und zweitens geht sie besonders leicht bei Paaren schief. Weil

Partner stets auf eine typische Weise miteinander verstrickt sind.

Meistens gibt es einen Partner, der eher fordert, und einen, der sich von den Forderungen zurückzieht. So ist es auch beim Ehepaar J. Sie, die oft verzweifelt um mehr Zuwendung, Nähe und Gemeinsamkeit kämpft, nahm sein gebrummeltes »Jaja, ist doch gut« als Zustimmung. Einmal, weil sie das Service wollte. Aber vor allem, weil sie gerne glauben wollte, dass sie ihn mit ihrem Anliegen erreicht hatte. Er dagegen war froh, dass sie nach seiner uneindeutigen Reaktion Ruhe gab. Und er keine Auseinandersetzung oder keinen an ihn gerichteten Anspruch mehr befürchten musste. Sie glaubten beide, erreicht zu haben, was sie wollten. Und übersahen dabei, dass sie einander nicht erreicht hatten.

Im Gefühl, einander gut zu kennen und vertraut miteinander zu sein, bestehen Liebespartner nicht auf ein Sitzungsprotokoll. Doch um Beziehungschaos vorzubeugen, ist es notwendig, ganz klar auszusprechen, was gemeinsam beschlossen wurde. Sonst fliegt einem Paar schnell einmal die ganze Wucht ihrer Paarpositionen um die Ohren. Und es kommt zu bitterer Enttäuschung.

Sie ist dann enttäuscht, weil trotz Absprache immer noch die Zeichnungen seiner Ex-Frau in Flur hängen. Und er versteht ihre Gereiztheit nicht. Denn er hatte verstanden, dass sie die Zeichnungen erst dann abhängen, wenn sie bessere gefunden hätten. Er bucht dann begeistert das kleine Hotel am mecklenburgischen See. Und sie ist vollkommen genervt, weil sie ihn noch vor ein paar Tagen davon überzeugen konnte, an die Nordsee zu fahren.

Wir müssen miteinander sprechen, um einander zu verstehen. Wir brauchen Raum, unsere Fantasien und Sehnsüchte zu teilen und Ideen gemeinsam zu entwickeln. Sobald wir aber glauben, zu einer gemeinsamen Entscheidung gekommen zu sein, dann sollten wir das so eindeutig und konkret wie möglich mit unserem Liebsten benenen. »Was haben wir jetzt entschieden?« Denn gesagt ist nicht beschlossen und besprochen ist nicht entschieden.

IMMER GEHT IMMER SCHIEF

Es fängt harmlos an. Irina sitzt an ihrem Schreibtisch, als Catarina ins Zimmer kommt. »Kann ich mal dein Handy haben? Ich kann meines nicht finden.« Catarina öffnet vorsichtig Irinas Tasche, in der sie das Handy vermutet und sagt: »Ich verschwinde auch gleich wieder.« Denn sie weiß, dass Irina an ihrer Doktorarbeit sitzt. »Ja, nimm es dir raus«, murmelt Irina und fügt hinzu: »Aber wieso weißt du eigentlich nie, wo dein Handy ist?« Und plötzlich verliert Catarina ihre Zurückhaltung: »Wenn dir das schon zu viel ist, dann steck dir doch dein Handy sonst wohin. Und außerdem, wer sucht denn ständig seinen Schlüssel?« »Was soll das denn jetzt …?«

Ja, was soll das denn jetzt? Scheinbar aus dem Nichts entwickelt sich hier einer jener unsinnigen Streits, wie wir sie auch aus unseren Beziehungen kennen. Ein Streit, den niemand wollte. Und der dann schnell eskaliert, weil es immer genügend Vorwürfe gibt, die wir einander machen können, wenn wir uns erst einmal verletzt fühlen. Und genau das ist geschehen. Catarina fühlte sich verletzt. Blitzschnell und fast unbewusst. Durch das kleine Wörtchen »nie«.

Wenn wir das ABC der Kommunikationsregeln kennen, dann wissen wir, dass wir Verallgemeinerungen vermeiden sollten. Sobald wir »immer«, »nie«, oder auch nur »häufig« oder »wenig« verwenden, wird unser Gesprächspartner sofort darauf reagieren. Er wird versuchen zu beweisen, dass er nicht »immer« empfindlich reagiert und nicht »nie« die Marmeladengläser fest genug zuschraubt. Woraus sich dann eine heftige Diskussion ergeben kann. Bei der es nur vordergründig darum geht, einer objektiven Wahrheit näherzukommen. Denn mit »immer«, »nie«, »häufig« oder »selten« äußern wir unsere empfundenen Wahrheiten und keine objektiv mitgezählten Ereignisse.

Worauf wir reagieren, sind nicht Ungerechtigkeit oder Unwahrheit, auch wenn es sich so anfühlen mag. Wir reagieren darauf, wie wir wahrgenommen werden. Wie sieht uns unser Gegenüber? Wer sind wir für ihn? Dafür sind wir hoch empfänglich. Eine Kollegin kann es uns schon übelnehmen, wenn wir behaupten, sie würde ja »häufig« mal die Mittagspause überziehen. Selbst wenn wir hinzufügen, dass wir das gar nicht schlimm finden. In Liebesbeziehungen entfalten die kleinen Worte ihre ganze Macht. Denn gleichgültig, worüber wir inhaltlich sprechen, was wir bewusst und unbewusst am intensivsten hören, sind die Botschaften, die wir über die Beziehung bekommen. Sind wir angenommen, werden wir geschätzt? Oder werden wir abgelehnt, geht der Partner auf Distanz zu uns? Und dann kämpfen wir nur scheinbar darum, nicht ungerecht beurteilt zu werden. Tatsächlich aber darum, nicht in der Achtung des anderen zu sinken.

Je heftiger ein Paar über ein »immer« in Streit gerät, umso unsicherer sind sich die Partner vermutlich über die gegenseitige Zuwendung. Dann sind die kleinen Verallgemeinerungen sogar wertvoll, weil sie auf Konflikte, fehlende Gefühle und Unsicherheit hinweisen. Doch wenn wir etwas klären wollen oder uns nah bleiben, dann sollten wir die Macht der Worte nicht unterschätzen und daran denken, dass »immer« immer schief geht.

IN DER LIEBE GIBT ES KEINE KLEINIGKEITEN

Sie hocken entspannt auf meiner Couch und schauen einander freundlich an. Doch keine zwei Minuten später wünschte ich mir mal wieder, eine Stopptaste für »Voll-in-die-Grütze-gehende« Paardialoge zu besitzen.

Sie hatten sich letzte Woche gestritten. Er hatte am Wochenende ein Seminar. Und sie war stinkwütend, weil er es ihr nicht rechtzeitig gesagt hatte. Er dachte, sie wisse es längst, aber sie wusste nur, dass es »mal geplant« war. Er fühlte sich zu Unrecht angegriffen … einer ihrer typischen Streits. Aber diesmal konnten sie das Knäuel schnell lösen und schwiegen sich weder drei Tage lang an noch zog sie aus dem Ehebett aus. So weit, so gut. Aber dann sagt er lächelnd, weil er noch mal unterstreichen will, wie gut sie ihre Krise gemeistert haben: »Naja, es war ja auch nur eine Kleinigkeit.« Und wie auf Knopfdruck explodiert seine Partnerin. »Verdammt nochmal, ich fand es wirklich ärgerlich!« – und sie sind wieder mitten im Konflikt. Und es bewahrheitet sich wieder, dass es in der Liebe keine Kleinigkeiten gibt.

Paare streiten sich über Eselsohren im Lieblingskrimi, den Einkauf des falschen Buntwaschmittels, wegen des leer gefahrenen Tanks oder unklarer Absprachen. Alles kann Auslöser für einen handfesten Krach sein. Natürlich geht es dabei nie um Buntwaschmittel oder Eselsohren. Es geht immer darum, wie wir uns vom anderen wahrgenommen fühlen. Ob wir das Gefühl haben, unser Partner versteht uns, dass wir ihm wichtig sind. Es geht nie um die Dinge oder ein bestimmtes Verhalten, sondern immer um die Beziehung. Dass es so ist, erleben wir alle. Sobald wir uns geborgen und angenommen fühlen, sind wir großzügig und scherzen gemeinsam über unsere Missgeschicke. Aber spätestens sobald wir nicht gut aufeinander zu sprechen sind, existieren keine Kleinigkeiten mehr.

»Du wolltest doch den »Tatort« für mich aufnehmen!«, klagt sie. Und er sagt: »Oh, sorry, vergessen!« Keine Entschuldigung, keine Anerkennung für ihre Enttäuschung. Bei ihr entsteht das Gefühl, ihre Wünsche seien ihm nicht so wichtig. Und wenn wir das Gefühl haben, unsere Wünsche seien dem Partner nicht wichtig, bedeutet das, wir sind ihm nicht wichtig. Wir sind verletzt und verärgert. Und unser Vertrauen in die Beziehung leidet. Wenn schon eine so kleine Bitte nicht angenommen wird, was ist erst, wenn es uns wirklich wichtig ist, wenn wir nicht allein zu unser schwierigen Tante ins Krankenhaus gehen möchten?

Doch vollends wütend werden wir, wenn man uns dann noch sagt, wir sollen uns nicht so aufregen, es sei doch gar nicht so schlimm, es sei doch nur eine Kleinigkeit. Dann schäumen wir über, weil unser Partner für sich in Anspruch nimmt, darüber zu entscheiden, was für uns wichtig ist. Was wir fühlen, wie es für uns ist, scheint dann völlig bedeutungslos zu sein. Und das ist nun wirklich keine Kleinigkeit mehr. Und genau so ist es: Weil Beziehungen so wichtig sind, weil Liebe immer groß ist, gibt es für Paare keine Kleinigkeiten.

DIE ANDEREN SIND DIE ANDEREN

Anna möchte, dass Toby mehr im Haushalt hilft. Sie diskutieren. Bis Anna sagt: »Du kannst ja mal Britta fragen! Roland macht bei ihnen alle Einkäufe, und sie muss nie darum betteln, dass er mal beim Aufräumen hilft.« Damit ist der sinnvolle Teil ihrer Diskussion beendet. Und Toby explodiert: »Roland, Roland, der kriegt ja auch noch jeden Monat einen Scheck von Mama!«.

Herr L. ist gekränkt. Er fühlt sich von seiner Frau zu hart kritisiert. Sie ist nicht seiner Meinung, aber hört ihm aufmerksam zu, bis er sagt: »Du bist aber einfach schnell sehr aggressiv. Das finden die Kinder übrigens auch! Das haben sie mir schon gesagt.« Und zumindest diesmal hat er Recht, denn Frau L. geht augenblicklich durch die Decke.

Frau C. möchte die Ferien nicht jedes Jahr am Meer verbringen. Ihr Gespräch mit ihrem Mann darüber dauert genau zehn Sekunden. Denn Frau C. sagt: »Jedes Jahr fahren wir ans Meer. Das ist doch nicht normal, dass ein Mensch immer nur ans Meer fahren kann.« Und schon ist Herr C. abwehrend und versteinert.

Auch das Gespräch zwischen Evi und Arnold darüber, ob sie genügend Zeit miteinander verbringen, ist blitzschnell zu

Ende, als Arnold sagt: »Ach Evi, jetzt hör mal auf, andere Frauen wären froh, wenn ihre Typen so oft zu Haus wären wie ich.«

All diese Gespräche scheitern aus dem gleichen Grund. Das Paar ist nicht mehr alleine. Ein Partner hat andere ins Spiel gebracht. Manchmal wichtige andere, wie die eigenen Kinder oder gute Freunde, manchmal anonyme andere, die sich unsichtbar hinter »normal« verbergen.

Der so Angesprochene hat plötzlich seine ganze Familie oder gleich die gesamte Normalbevölkerung gegen sich. Eine Mehrheit, von der er nicht weiß, ob es sie wirklich gibt, deren Einigkeit er sich aber beugen soll. Er ist hilflos gezwungen, darauf zu reagieren. Und diesem unangenehmen Gefühl entgeht er meist durch Wut. Aus der Auseinandersetzung wird ein Machtkampf. In dem niemand mehr Verständnis für die Sicht des anderen aufbringt.

In Paargesprächen werden häufig »andere« ins Spiel gebracht. Es ist der unglückliche Versuch, der eigenen Position mehr Nachdruck zu verleihen, um so den Partner zu erreichen. Und es verrät, dass wir Angst haben, nicht gehört zu werden, oder frustriert sind, weil wir uns in der Beziehung nicht verstanden fühlen.

Wir sind selten so gut, dass wir in Gesprächen selbst zum »anderen« werden und uns von außen betrachten: »Ich habe nicht das Gefühl, dass wir uns überhaupt erreichen. Können wir gemeinsam schauen, wie es uns gerade miteinander geht?« Nein, das schaffen wir selten. Aber der Drang, »andere« anführen zu wollen, ist das Signal, dass genau so eine Klärung nötig ist. Und es wenig Sinn macht, uns weiter über unser Thema zu streiten.

Die imaginären »anderen« sind ein Hilferuf, den wir selbst

hören können. Wir fühlen uns allein mit dem Partner. Das Thema, das unsere Aufmerksamkeit braucht, ist diese Einsamkeit. Für den Weg, auf dem ein Paar zueinanderfindet, bleiben die anderen aber immer nur die anderen.

REDE WENIGER

Klaus hatte eine Affäre. Und Steffi hat es irgendwann gewusst. Beide haben um ihre Ehe gekämpft. Und sind ein Paar geblieben. Klaus ist erleichtert und dankbar, dass Steffi die ganze Aufarbeitung mit ihm durchgestanden und sich trotz ihrer Verletztheit nicht von ihm getrennt hat. Ich bitte ihn, Steffi zu sagen: »Ich bin dir sehr dankbar, dass du bei mir geblieben bist und die für dich so schmerzliche Affäre mit mir durchgestanden hast.« Und Klaus sieht Steffi in die Augen und sagt es.

Auf Steffis Gesicht blitzt auf, wie berührt sie davon ist. Aber da redet Klaus schon weiter. Wie oft er gefürchtet habe, sie könne sich trennen. Und wie sie wirklich verstehen soll, dass er sie nie ernsthaft habe verlassen wollen. Und wie gut sie in der schwierigen Zeit mit den Kindern umgegangen sind. Und wie … Ich stoppe Klaus. Denn Steffi sieht mittlerweile nicht mehr berührt aus, sondern reichlich irritiert und enttäuscht. »Klaus, rede weniger …«

»Rede weniger« klingt zunächst befremdlich, wo doch der häufigste Ratschlag für Paare lautet: »Sprecht mehr miteinander! Redet darüber! Sagt einander, was in euch vorgeht!« Und das ist ja auch ein guter Rat. Aber in Paar-Krisen geht es ja nicht darum, Informationen auszutauschen, sondern wieder zur emotionalen Nähe zu finden. Und Gefühle brauchen nicht viele Worte, sondern Worte, die den anderen erreichen. Es hilft also wenig, alles heraussprudeln zu lassen, was uns wichtig ist. Es hilft, aufmerksam dafür zu sein, ob uns der andere hört.

Mit zu vielen Worten überfluten wir unseren Partner nur. Der schaltet dann ab. Und sobald wir mitbekommen, dass wir nicht mehr zu ihm durchdringen, legen wir nach. Wir sprechen deutlicher, lauter. Wir bringen noch mehr Argumente und wiederholen in anderen Worten, was wir gesagt haben. Und das Gespräch scheitert, bevor es richtig begonnen hat.

Helen, eine wortgewandte Journalistin, stellte ihre Sicht meistens in wenigen Sätzen klar und verständlich dar. Aber ihr Mann Lutz war natürlich nicht immer einverstanden und manchmal brauchte er, der Naturwissenschaftler, auch einfach etwas länger, um seine Antwort zu finden. Helen nahm nur seine Irritation wahr und setzte sofort nach. Sie sagte alles noch einmal auf eine zweite, dritte oder vierte Art. Lutz verschloss sich dann wie ein Sieltor bei Flut. Und fühlte sich belehrt. Er hatte das Gefühl, Helen wolle überhaupt nicht mit ihm reden, sondern versuche nur, ihre Meinung durchzusetzen. Helen stellte immer wieder genau die Verwirrung her, die sie zu beseitigen hoffte.

Die Paartherapeutin Harriet Lerner rät zu üben, bewusst nur mit drei Sätzen zu sagen, was man sagen will. Und so zu lernen, auch in komplexen Gesprächen nicht zu viele Worte zu verlieren.

Ein Wortschwall vertreibt den Partner aus der emotionalen Nähe. Der Partner verschließt sich und alles, was wir dann noch sagen, erreicht ihn nicht mehr. »Rede weniger« ist oft der beste Weg, um mehr gehört zu werden.

VII

FRAU UND MANN

Der Unterschied, der keinen Unterschied macht

Frauen und Männer sind unterschiedlich. Okay. Aber andererseits sind sie sich auch verdammt ähnlich. Einem Mann ist nicht ein Gorilla, ein Porsche, Spiderman und gar ein Fisch am ähnlichsten. Einem Mann am ähnlichsten ist eine Frau. Und umgekehrt gibt es nichts, was einer Frau ähnlicher ist als ein Mann. Mal abgesehen von einer anderen Frau. Doch der kleine Unterschied scheint uns magisch zu beschäftigen. Immer wieder höre ich Männer oder Frauen in der Paartherapie Dinge sagen wie: »Naja, aber Männer sind eben anders als Frauen. Und als Mann kann er das wohl nicht verstehen.« Ich sitze dann etwas ratlos da und frage mich, ob ich jetzt die Therapie gleich beenden sollte. Weil ich als Mann die Frau dann ja auch nicht verstehen kann. Oder gelten Paartherapeuten als besondere Züchtung innerhalb der Spezies »Mann« und können beide Geschlechter verstehen? »Gehen Sie davon aus, dass männliche Therapeuten über ein spezielles Gen verfügen?« Das ist die Frage, die ich nicht stelle. Stattdessen sage ich, dass der Unterschied zwischen Männlein und Weiblein hemmungslos überschätzt wird. Zumindest was den Unterschied ausmacht, auf den alle hinaus wollen: Den genetischen Unterschied. Den Steinzeitunterschied.

Die Evolutionsbiologen und -psychologen interpretieren das Verhalten von Frauen und Männern als Strategien, um erstens zu überleben und zweitens dafür zu sorgen, dass die eigenen Gene möglichst den gesamten Planeten überfluten. Wer darin erfolgreich war, hat sich fortgepflanzt. Und deshalb ist genau dieses Verhalten in unsere Gene eingeschrieben. Weil aber seit der Steinzeit nicht mehr viel Evolution stattgefunden hat, da sich seitdem auch Weicheier und mäßig fruchtbare Frauen im Schutz der menschlichen Gemeinschaft vermehrt haben, sitzen wir alle auf unseren für unsere Multi-

Options-Leben schwierigen Steinzeitgenen. Nicht, dass ich an der Evolution zweifle. Aber die ganze Caveman-Folklore ist ein schlechter Witz. Denn was die Forschung dabei angeblich findet, ist doch erstaunlicherweise genau das Geschlechterelend, das wir Tag für Tag produzieren.

Frauen, die mit ihren Kindern am Lagerfeuer (jetzt Induktionsherd) hocken und reden wollen. Männer, die jagen gehen (jetzt nach Aufträgen und Provisionen) und nicht reden können, weil sie sonst die Wildschweine vertreiben würden. Frauen, die lieber keinen Sex haben, weil sie sonst die Kleinen am Hals haben. Männer, die ihren Samen in jede Öffnung pusten wollen, damit sie ganz viele Nachfahren bekommen, die dann genau das Gleiche mit ihren Samen vorhaben. Typen, die alles tun, um mächtig und wohlhabend zu sein, weil sich die Weibchen mitsamt Nachwuchs dann geschützt fühlen. Und lauter Weibchen mit Idealfigur, weil die Männchen am Hüfte-Taille-Verhältnis haarscharf erkennen, wer ihnen besonders viele kleine kerngesunde Menschenkinder mit ihren Genen werfen wird. Wieso, frage ich mich, zeigen wir dann nicht auch auf anderen Gebieten so viel Steinzeitverhalten? Müssten wir nicht das unbezwingbare Bedürfnis haben, im Kino unsere Vorderleute zu befummeln? Weil doch vermutlich diejenigen unserer Ahnen überlebt haben, die sich gegenseitig am ausgiebigsten gelaust und so vom Krankheit bringenden Ungeziefer befreit haben. Die Steinzeit war eine Periode von 2,5 Millionen Jahren, wir kennen nicht mehr als ein paar Kieferknochen und Pfeilspitzen aus dieser Zeit, aber wir wissen ganz genau, dass wir in unserem Inneren immer noch Steinzeitmenschen sind. Besonders, wenn es um Mann und Frau geht?

Die Idee, dass die Geschlechterunterschiede durch die unterschiedlichen Gehirne zustande kommen, die Männer und

Frauen im Laufe der menschlichen Geschichte entwickelt haben, nennt die Psychologin und Neurowissenschaftlerin Cordelia Fine Neurosexismus. Wie wir uns als Mann oder Frau verhalten, liegt im Wesentlichen darin begründet, welche Genderrollen uns angeboten werden. Also ein gesellschaftlich geprägtes, kulturell vermitteltes, unterschiedliches Rollenverhalten. Dass hier keine Biologie, sondern erlerntes Rollenverhalten am Werk ist, zeigt sich, sobald Forscher die überall wirkenden Geschlechter-Stereotypen herausfiltern. Wurde ein Test als Messung zwischenmenschlicher Sensibilität angekündigt, erbrachten die Frauen die besseren Ergebnisse. Zwischenmenschliche Sensibilität gilt als weibliche Spezialität. Also versagten die Männer. Wurde der genau gleiche Test als Messung informationsverarbeitender Prozesse vorgestellt, dann veränderten sich die Ergebnisse. Jetzt gab es keinen Unterschied mehr zwischen den Geschlechtern.

Zeigt man Frauen und Männern Pornos, dann behaupten Frauen, anders als Männer, die meisten Bilder würden sie nicht anturnen. Die Messung der physiologischen Reaktionen ergab aber keinen Unterschied zwischen den Geschlechtern. Frauen erleben Pornos also rollenkonform. Pornos gelten als Männerdomäne. Und Frauen als eher an Liebe als an purem Sex interessiert. Noch ein Beispiel? Chemie, Biologie und Physik können Männer besser, so das stereotype Vorurteil. Eine große internationale Online-Befragung stellte fest, dass dort, wo die meisten Menschen am festesten daran glauben, schon die männlichen Achtklässler deutlich besser in diesen Fächern sind als die gleichaltrigen Mädchen.

Fragt man Menschen nach den Eigenschaften von »Frauen« und »Männern«, dann erhält man ein Abbild der Geschlechter-Stereotypen. Fragt man dieselben Personen aber nach den

Eigenschaften aller ihnen tatsächlich bekannten Frauen und Männer, dann geben sie andere Beschreibungen. Wir wissen, wie »die Männer« und »die Frauen« sein sollen. Sobald wir aber an Frauen und Männer denken, die wir kennen, glauben wir bereits unseren eigenen Vorurteilen nicht mehr.

Für unser Paarleben reicht es aus zu wissen, dass die Unterschiede innerhalb der Geschlechter größer sind als die Unterschiede zwischen den Geschlechtern. Es gibt Männer, die behandeln Babys, entsprechend der männlichen Rollenzuschreibung, wie einen zu montierenden Motorradsattel. Und es gibt männliche Baby-Versteher, gegen die selbst Baby-Kurs-gestählte Übermütter unsensibel wirken. Es gibt Frauen, die besser einparken können als Sebastian Vettel. Und Männer mit gigantischen Schuhsammlungen. Aber nicht einmal solche Überlegungen benötigen wir wirklich. Denn im Grunde ist es doch ganz einfach: Wir haben es nie mit »Männern« oder »Frauen« zu tun, sondern immer nur mit einem speziellen Mann und einer speziellen Frau. Und was zwischen den beiden geschieht, ist noch mal ein ganz spezielles Zusammenspiel. So speziell, dass sich die Frau oder der Mann, mit dem wir jetzt zusammenleben, in ihrer vorhergehenden Beziehung möglicherweise ganz anders verhalten haben. »Echt? Er duscht vor dem Sex? Das hat er bei mir nie gemacht!«

Angenommen, Sie machen als Frau mit einem Mann eine erste gemeinsame Fahrradtour. Und alle Geschlechter-Vorurteile erfüllen sich. Schon nach wenigen Metern steigt er in die Pedale, wird zu einem kleinen Punkt am Horizont und Stunden später, nachdem er sein Handy wieder angeschaltet hat, treffen Sie ihn wieder, irgendwo an einem Ort, an dem Sie nie sein wollten. Und er begrüßt Sie freudig lächelnd mit »Erster!«.

Vermutlich gäbe es einiges zu klären. Doch genau jetzt beginnen Sie über die Geschlechterunterschiede nachzudenken. Dass Männer ja kurzfristig größere Muskelkräfte entwickeln können, wenig Einfühlungsvermögen haben, immer gewinnen müssen, sich nicht so leicht verfahren, aber auch niemals nach dem Weg fragen, in Technik verliebt sind und Schwächen nicht zulassen können – um nur ein paar zu nennen. Und während Sie eben noch fest entschlossen waren, die aufkeimende Romanze mit sofortiger Wirkung zu beenden, sind Sie plötzlich überwältigt von der Macht der Geschlechtszugehörigkeit. Und allmählich verwandelt sich ihre Wut in Einsicht und ein Stolz erfüllt sie, mit so einem typischen Vertreter seiner Art zusammen sein zu dürfen. Sie bestellen sich eine Rhabarberschorle und lächeln … hoffentlich nicht.

Männer schnarchen nicht, weil sie so nachts die wilden Tiere verscheucht haben, sondern weil ihre Gaumensegel flattern. Und die Frau, die sich vom Überziehungskredit noch mal schnell zwei modische Paar Stiefel kauft, ist keine archaische Sammlerin, sondern unverantwortlich. Genau wie der Typ, der morgens nicht aus dem Bett kommt, um die Kinder zu betreuen, kein typischer Neanderthaler ist, sondern weiter vom Patriachat träumt. Wer das eisige Schweigen in der Beziehung dadurch auftauen möchte, dass er seine Hände auf den Busen seiner Partnerin legt, ist kein triebgesteuerter Schwanzträger, sondern bedenklich hilflos und uneinfühlsam. Und wer in derselben Situation ganz besonders lecker und aufwendig kocht, folgt auch nicht dem genetischen Code der Hüterin des Feuers, sondern ist konfliktscheu und unsicher. Hinter den festgezurrten Geschlechterrollen können wir uns wunderbar verstecken.

Alleine schon deshalb gehören sie auf den Beziehungsmüll.

Letztlich sind sie nur so populär, weil wir uns damit vor uns selbst entschuldigen können. Unsere Beziehungen sind nicht so super, wie wir sie gerne hätten. Wir bleiben einander fremder, als wir es uns vorstellen. Unsere rosaroten Kuschelträume werden nicht wahr. Irgendwas muss doch Schuld daran haben. Was liegt da näher, als es auf Loriots Erkenntnis zu schieben, dass Männer und Frauen einfach nicht zueinander passen.

Verabschieden wir uns also von der angeblichen Unveränderbarkeit unserer Fred-Feuerstein-Geschlechter-Stereotypen. Und wenden wir uns lieber den Geschlechterfragen zu, die einen Unterschied machen. Und die handeln davon, dass es eine soziale Ungleichheit zwischen den Geschlechtern gibt. Dass der Verdienstunterschied im Jahr 2014 immer noch bei 22 Prozent lag und der Anteil von Frauen in den Vorständen der 200 größten Unternehmen bei gerade 5,4 Prozent. Alleinerziehende Mutter zu sein, ist ein gewaltiges Armutsrisiko. Und die Berufswelt bietet kaum Teilzeitstellen an, die es ermöglichen würden, dass sich ein Paar auch die häuslichen Aufgaben wirklich teilen könnte.

Das Selbstverständnis von Frauen und Männern verändert sich. Frauen ringen um Gleichberechtigung. Und Männer, und das ist fast der schwierigere Part, müssen sich damit auseinandersetzen, was damit gemeint ist. Es ist keine lustige Diskussion am Tresen, sondern ein schwieriger Konflikt, der über Mülltüten, die sich nicht alleine aus der Küche bewegen, Karriereknicks und den Streit, wer seine Termine absagt, um das kranke Kind zu versorgen, ausgetragen wird. Ein Ergebnis der Studien von John Gottman ist in diesem Zusammenhang interessant. Männer müssen demnach den Einfluss ihrer Partnerinnen akzeptieren. Wenn sie nicht darüber diskutieren wollen, an welchen Strand gefahren wird, sondern das Auto einfach dahin lenken, wo sie gerne in den Dünen liegen, dann ist ihre Ehe in Gefahr. Frauen reagieren empfindlich auf die Machtausübung von Männern. Sie wollen raus aus ihrer Rolle. Schon die Bemerkung »Aber ich habe doch am Wochenende bei allen Hausarbeiten mitgemacht«, lässt sie durch die Decke gehen. Denn in dem »mitgemacht« hört sie noch die tradierte Rollenverteilung, aus der sie endlich herauswill.

Männer fühlen sich in Beziehungen hauptsächlich dominiert. Über sich selbst bestimmen zu können, hat einen großen Wert für sie. Freiheit ist ein Kern ihrer männlichen Geschlechtsidentität. Sie haben gelernt, in Macht- und Konkurrenzstrukturen zu denken und zu fühlen. Also reagieren sie auf alles, was sich wie Dominanz anfühlt. Und das ist erstaunlich viel. Frauen dagegen fühlen sich schnell nicht beachtet und sind enttäuscht und wütend darüber. Sie haben gelernt, das Miteinander in Beziehungen wichtigzunehmen. Und finden es unerträglich, dass Mann sich nicht mehr auf sie einstellt. Es gibt schon große Fortschritte bei jüngeren Paaren. Aber das Ringen um Gleichberechtigung ist nicht abgeschlossen. Männer fühlen sich immer noch eher bestimmt, wenn Frauen mit Ihnen sprechen wollen. Frauen fühlen sich eher bestimmt, wenn Männer nicht mit ihnen sprechen wollen. Was bei einer ungleichen Machtverteilung verständlich ist. Der Machtlosere möchte verhandeln und in Entscheidungen einbezogen werden. Und wer die Macht schon in den Händen hält, fühlt sich beschnitten, sobald er sich darüber auseinandersetzen soll.

Die Ungleichheit ist heute zunehmend weniger ökonomisch, sondern emotional bedingt. Die Soziologin Eva Illouz fasst sie so zusammen: »Unter den Bedingungen der Moderne verfügen Männer über eine weitaus größere sexuelle und emotionale Auswahl als Frauen, und es ist dieses Ungleichgewicht, das zu ihrer emotionalen Vorherrschaft führt.« Die biologische Uhr tickt für Männer nicht so laut. Sie können sich binden, wann sie wollen. Die Attraktivität von Frauen ist durch das Ende ihrer Fruchtbarkeit an ihr Alter gebunden. Sie wollen sich binden. Da es keine sittlichen Werte mehr gibt, die eine Eheschließung verlangen, entsteht ein freier »Heiratsmarkt«, auf dem Männer die besseren Karten haben. Ihre »Freiheit« ist die emotionale Macht der Männer. In unseren Beziehungen nehmen diese Ungleichheiten dann ganz konkrete Formen an.

Das Ehepaar M. kommt mit der Trennungsfrage in die Therapie. Sie sind beide selbstständig tätig. Er besitzt eine Exportfirma. Sie ist Kommunikationstrainerin. Sie haben zwei Kinder im Grundschulalter. Sie sagen, sie seien ein gutes Team. Wenn sie eine gemeinsame Aufgabe hätten, dann spielten sie gut zusammen. Aber sie würden doch befürchten, sich bald zu trennen, weil sie einfach zu unterschiedlich seien. »Zu unterschiedlich zu sein« ist eine häufige Klage von Paaren. Als Begründung von Eheproblemen zweifele ich sie aber an. Wenn es wirklich ihr Problem wäre, wie schaffen sie es dann so oft, ein gutes Team zu sein? Und wie haben sie die letzten 14 Jahre damit jongliert? Nun, der Unterschied bestehe, so machen sie mir klar, darin, dass er positiv nach vorne sehe, anpacken wolle. Und sie an allem das Dunkle sehe, unzufrieden sei. Und das gehe gar nicht zusammen, erklärt mir Herr M. Und Frau M. stimmt insoweit zu, dass sie tatsächlich eher mal Probleme sehe und sich manchmal auch erschöpft und depressiv fühle.

Wie sich dann herausstellt, scheitern sie an der Geschlechterklippe. Herr M. sieht, dass seine Frau häufig sehr gefordert ist und schlägt ihr vor, doch beruflich kürzer zu treten. Sie müsse ja gar nicht so viel arbeiten, sie könne doch öfter zu Hause bleiben. Frau M. glaubt, dass ihr Mann sie an Haus, Herd und Kinder fesseln und sie nicht in ihrem beruflichen Werdegang unterstütze wolle. Dagegen wehrt sie sich. Und Herr M. findet sich in der Typisch-Mann-Ecke wieder. Es kränkt ihn, so gesehen zu werden. Sein Vater, unter dem die ganze Familie gelitten hatte, war ein Patriarch. Herr M. müht sich, den Macker-Verdacht von sich zu weisen, hat aber wenig Chancen. Wie soll er beweisen, dass er seine Frau nicht in die klassische Rollenverteilung drängen will? Das behaupten doch alle Männer, die ungestört Karriere machen wollen. Weil Herr M. seine Verletzung nicht gut zeigen kann, versucht er weiter, zu argumentieren. Worüber er seine Frau aber nicht erreicht. Und so passen sie ja dann auch wirklich nicht mehr zusammen. Erst als Frau M. erlebt, wie verletzt und gekränkt ihr Mann ist, beginnen sie langsam wieder weniger »unterschiedlich zu sein«. Frau M. kann ihren Mann langsam aus der Macker-Ecke entlassen.

Die Geschlechterbrille lässt uns nicht schärfer sehen, sondern vernebelt uns eher die Sicht. Wenn wir sie abnehmen, dann kommen wir in unserer Beziehung an. Dann können wir die Faktoren betrachten, die unser Zusammenleben wirklich bestimmen. Ob sein Vater die Mutter geschlagen hat. Ob ihre Familie keine Zärtlichkeit kannte. Ob sie als Kind missbraucht wurde. Ob er, weil der Vater nie da war, sich für seine Mutter verantwortlich fühlte. Das sind prägende Erfahrungen. Mit deren Spuren wir als Partner konfrontiert sind.

Dass Frauen und Männer unterschiedlich sind, ist ja trotz

all dem keine Frage. Frauen leben in unserer Gesellschaft im Schnitt sieben Jahre länger. Sie gehen eher zum Arzt, rauchen nicht so viel, nehmen ihre Gefühle ernster. Frauen übernehmen schnell die Beziehungsarbeit. Männer sind fixiert auf Lösungen. Frauen, so stellen es Business-Coachs fest, wollen Karriere machen, aber achten gar nicht darauf, sich dafür auch anzubieten. Männer sind risikofreudiger. Wir können das alles reflektieren, verstehen, wie es entsteht, wenn wir es nicht unsinnigerweise als rein genetisch gegeben annehmen. Das ist ein gesellschaftlicher Prozess. Ein wichtiger Prozess. Die Karikatur des Mannes als emotionaler Analphabet und bindungsunfähiger Gefühlsminimalist und der Frau als erfolgsscheue, bindungsfixierte Beziehungsfetischistin macht uns nur unglücklich. Weil sie unsere Möglichkeiten, miteinander zu leben, so dramatisch einschränken.

Um die gläsernen Mauern in unseren Köpfen abzubauen, die Männer am Leiden und Frauen am Führen hindern, gibt es keinen geeigneteren Ort als unsere Liebesbeziehung. Dabei hoffen wir, uns weder so sehr anzugleichen, dass wir vor Langeweile vergehen, noch uns so fremd zu bleiben, dass wir nie zueinanderfinden. Männlich und weiblich sind Begriffe, mit denen wir Empfindungsmöglichkeiten beschreiben. Es sind Beschreibungen, wie wir die Welt wahrnehmen können. Uns darin gegenseitig vorurteilslos zu begegnen, zu verstehen, in welcher Welt unser Liebespartner lebt, das ist das Abenteuer. Und es beginnt manchmal schon mit der Frage, für wen Gott die Spülmaschine erfunden hat.

BLAUMANN ODER ROTWEIN?

»Es war echt entspannt, aber dann hat Ute mich so angeguckt und meinte, ich weiß nicht, was dir dein Therapeut gesagt hat, aber irgendwas ist anders.« Christof gluckst. Ich nicke. Üblicherweise kam er aus seinem Job nach Hause und seine Frau Ute überfiel ihn mit allem, was im Haushalt mit zwei kleinen Kindern nicht gut gelaufen oder noch zu erledigen sei. Christof krempelte dann sofort die Ärmel hoch, setzte das Wlan wieder in Gang oder mähte den Rasen. Doch so sehr er sich auch mühte, Ute wurde nie zufriedener. Und Christof verzweifelte immer mehr. Jeden Tag durchliefen sie dieses Ritual und sanken schließlich enttäuscht und erschöpft ins Bett. Ich hatte Christof vorgeschlagen, statt sofort los zulegen, solle er sich lieber mit Ute hinzusetzen, ihr wirklich intensiv zuhören und verstehen, wie sie sich fühlt.

Zu Beginn der neunziger Jahre glaubte man, dass Frauen und Männer grundsätzlich unterschiedlich tickten. So als kämen Männer vom Mars und Frauen von der Venus. Männer würden handeln und Lösungen suchen, während Frauen Verständnis und Zuwendung suchten. Zwanzig Jahre später lebt nur noch Mario Barth von den angeblich so bedeutungsvollen Unterschieden zwischen Männlein und Weiblein. Aber Partner müssen sich weiterhin entscheiden, ob es nur darum geht, ein Problem anzugehen, oder darum, einander zu verstehen.

Wenn unsere Partnerin, weil wir supererschöpft sind, sofort ein Wellness-Wochenende im Internet bucht, ist das super. Und konkrete Ideen, wie der Streit mit der Kita-Leitung beizulegen ist, können echt hilfreich sein. Aber andererseits brauchen wir vor allem das Verständnis unseres Partners, um uns nicht schlecht oder schuldig zu fühlen, sein Einfühlungsvermögen, um uns nicht allein zu fühlen, seine Zuwendung, um uns sicher zu fühlen.

Wir wissen immer mal wieder nicht weiter und sind aufgebracht, verwirrt, traurig oder hilflos. Wird uns dann schnell ein Lösungsvorschlag unterbreitet, fühlen wir uns alleingelassen. Okay, das Problem ist aus der Welt, aber wir haben unsere Gefühle immer noch, und niemand scheint sich dafür zu interessieren. Als wären sie und was wir erleben nicht so wichtig. Und beschämend ist es obendrein. Was ist nur mit uns los, wieso machen wir so ein Drama, wenn es doch alles ganz leicht zu lösen ist?

Glücklicherweise begreifen wir die Macht der Gefühle und der Empathie allmählich. Zu fühlen und sich einzufühlen ist aktives Handeln. Denn Gefühle sind keine flüchtigen Gebilde, sondern mächtige Kräfte. Und dem Partner zuzuhören, ihn zu verstehen und sich in ihn einzufühlen, ist eine reale Lösung.

Für die Frage »Lösen oder Verstehen?« hat ein kluger Bekannter die Begriffe »Blaumann« und »Rotwein« gefunden. »Blaumann« bedeutet anpacken und Lösung suchen. »Rotwein« bedeutet hinsetzen, zuhören, verstehen und mitfühlen. Partner haben das Bedürfnis nach beidem. Und wir können nicht immer wissen, was von uns gewünscht wird. Deshalb ist »Blaumann oder Rotwein?« eine gute Frage.

DIE ANTWORT IST VERANTWORTUNG

Tim ist ein guter Mann. Tim säuft nicht. Tim wickelt die Kleinen. Tim spricht seine Gefühle aus. Er räumt die Küche auf. Er macht weniger Hausarbeit als Judith, aber er arbeitet auch mehr. Alles sollte gut sein. Aber:

Sie: »Wir haben keine Spülmaschinentabs mehr. Du hast leider vergessen, welche zu kaufen.«

Er: »Das konnte ich ja nicht wissen. Das hättest du mir sagen sollen!«

Sie: »Wieso das? Das kannst du doch auch sehen?«

Er: »Was, bitteschön, soll ich denn noch alles machen? Ich bügle, mache die Buntwäsche, bringe die Kinder in den Hort und unterstütze dich, wo ich nur kann!«

Sie (unterbricht ihn aufgeregt): »Genau! Das ist es doch genau! Du unterstützt mich! Als sei es völlig klar, dass das alles meine Aufgaben sind!«

Er: »Was willst du denn nun noch? Nie ist es genug! Ehrlich! Nur weil es nicht genau so läuft, wie du es dir vorstellst!«

Sie: »Du verstehst überhaupt nichts. Du fühlst dich immer nur dominiert. Und ich muss mich am besten noch für alles bedanken!«

Er: »Exakt! Etwas Anerkennung wäre nicht schlecht.«

Tim hat längst anerkannt, dass der Staubsauger nicht exklusiv für Frauen erfunden wurde. Er weiß, dass Kartoffeln geschält und Waschbecken gewischt werden müssen. Er und Judith versuchen, sich die ungeliebte Hausarbeit einigermaßen gerecht zu teilen. Was ja schon nicht einfach ist. Aber es fehlt trotzdem immer noch etwas. Tim teilt die Verantwortung nicht.

Ein Partner kann noch so viele Aufgaben übernehmen. Er bleibt in der Kritik, solange er den Müll nur rausträgt, wenn sie ihn darum bittet. Er aber nicht reagiert, wenn der Mülleimer überquillt. Wenn er zwar zum Elternabend geht. Aber nie weiß, wann die Termine sind.

Verantwortung ist der Schritt vom Kind zum Erwachsenen. Verantwortung wiegt schwer. Denn Verantwortung bindet. Kinder müssen ins Bett gebracht werden. Es gibt keine Ausnahme. Wir können es nicht einfach mal auslassen. Verantwortung braucht Zuverlässigkeit. Erst wenn er die Verantwortung mitträgt, ist die Partnerin vom historischen Fluch der Hausfrauenrolle befreit.

Eine Haushaltsfee, die das ganze Haushaltschaos einfach wegzauberte, wäre die effektivste Paartherapie. Denn nirgendwo sonst scheint es so viele Konflikte zu geben. Frauen hätten nicht mehr das Gefühl, dass von Abfall bis Zahnpasta letztlich doch alles ihre Aufgabe sei. Und Männer wären nicht mehr wütend, weil sie sich für die Familie auf dem Firmenschreibtisch opfern und zu Hause noch den Meister Proper machen sollen. Da wir aber längst von allen guten Feen verlassen sind, müssen Männer die Verantwortung mitübernehmen. Und Frauen sie abgeben lernen. Was auch nicht immer leicht ist. Denn Verantwortung bietet auch Kontrolle, und sie abzugeben, kann verunsichern und ist eine Frage des Vertrauens.

Der Haushalt ist nur die Hauptarena im Konflikt um die Verantwortung. Sobald wir zu zweit sind, geht es immer auch darum, wer die Verantwortung trägt. Im Finanziellen, für die Gesundheit, füreinander und für die gesamte Beziehung. Was schmerzt, ist mit Verantwortung alleingelassen zu werden. Denn dann fühlen wir uns alleingelassen. Und es ist ungerecht. Was die gleichberechtigte Partnerschaft in Frage stellt. Verantwortung ist eine Antwort. Auf viele Beziehungsfragen.

ÜBERFORDERUNG FÜHRT ZU FORDERUNG

Der Ton zwischen ihnen wird immer gereizter. Andrea ätzt: »Schön, dass du wenigstens dein Bett noch nicht in der Firma aufgebaut hast! Es war eigentlich nicht mein Ziel, alleinerziehend zu sein.« Und Malte wird verächtlich: »Oh, klar doch. Du musst dich natürlich erst mal total erschöpft hinlegen, wenn du beim Kinderarzt warst! Und kannst selbstverständlich nicht in die verdammte Reinigung gehen, die gleich nebenan ist!«

Solange es Baby-Karl noch nicht gab, waren Malte und Andrea noch Romeo und Julia. Wie jedes Paar existierten sie doppelt. Als Liebende und als Partner, als romantisch verbundenes Paar und als Unternehmen, das Miete zahlen und ein Leben wuppen muss. Manches Mal halfen die Liebenden den gestressten Teampartnern über die Alltagsklippen. Aber seitdem Karl in seinen Windeln kräht, verzweifeln Romeo und Julia zusehends. Weil sich Malte und Andrea ständig über Haushalt, Sex und Zeitabsprachen fetzen.

Romeo und Julia sind längst verletzt ausgezogen. Ihren Platz am Küchentisch hat das Gespenst der Trennung eingenommen. Wütend fordern sie beide mehr vom anderen. »Wenn du dich nur mehr einbringen würdest, dann hätten wir längst nicht so ein Problem!«

Was sie und andere Paare nicht sehen, ist, dass ihre Forderungen aneinander einer gemeinsamen Überforderung entspringen. Dass sie es nicht schaffen können, allen Ansprüchen und Vorstellungen zu genügen. Aber Überforderung können wir uns nur schwer eingestehen. Dazu sind wir zu erfolgsorientiert. Schwäche ist nur ein Grund, sich noch mehr anzustrengen. Sich einzugestehen, dass wir überfordert sind, das würde sich wie eine Niederlage anfühlen. Und es würde Paaren wie Malte und Andrea zu viel Angst machen. Die Angst, es vielleicht wirklich alles nicht zu schaffen.

Bei vielen Paaren führt dies dazu, dass wir den Partner angreifen. Weil wir wirklich glauben, dass es am anderen liegen muss. Wofür wir einen schlüssigen Beweis haben: Wir geben alles, was wir geben können. Wir bemühen uns, alles richtig zu machen, bis an den Rand der Erschöpfung. Wenn unser Paarprojekt trotzdem schlingert, dann muss es wohl an unserem Partner liegen. Deshalb schauen wir jetzt noch kritischer auf unseren Mitspieler. Und entdecken Schwächen und Versäumnisse, die wir dann kritisch ansprechen.

Doch in unserer Kultur mit so vielen und so hohen Ansprüchen, mit so vielen und verführerischen Angeboten, schlägt der Burnout auch in der Familie zu. Selbst wenn beide ihr Bestes geben, ist es nie genug. Gerade durch die Geburt des ersten Kindes werden die meisten Paare schockhaft damit konfrontiert.

Sie fühlen sich dann alleingelassen, wo doch der andere für sie da sein sollte, wenn sie ihn brauchen. Wieso verweigerst du dich? Wieso erkennst du meine Mühen nicht an? Wieso unterstützt du mich nicht? Sie werden immer wütender, aber dahinter sind sie hilflos. Und sie übersehen, dass sie genau diese Enttäuschung und Hilflosigkeit teilen. Statt sich gegenseitig weiter mit Forderungen zu bombardieren, könnten sie beide gestehen, wie schrecklich überfordert sie sich wirklich fühlen. Dann ist nicht mehr der andere das Problem, sondern die Überforderung ist das gemeinsame Problem.

Als Team können sie ihren Stress reduzieren, können sich erinnern, was sie als Paar schon alles bewältigt und erreicht haben. Gerade angesichts der Überforderung müssen Paare sich selbst loben. Selten, dass es ein anderer tut.

Karriere machen, Super-Model, Übereltern, 5-Sterne-Köche, Sportler des Jahres und gemeinsam das Traumpaar schlechthin sein – durch den Wahnsinn, dass wir uns selbst verwirklichen und immer wieder selbst erfinden müssen, ist jedes Paar auf seine Art überfordert. Aber Romeo und Julia ziehen schneller wieder ein, wenn die Überforderung einen Platz am Küchentisch bekommt.

NACHWORT

Mein Leben als Partner

Ich habe lange überlegt, ob ich dieses kurze Kapitel anfügen soll. Ich habe mich dann doch dafür entschieden.

Einerseits möchte niemand erst die Biographie eines Autors lesen müssen, bevor er dessen Buch liest. Der Autor soll, bitteschön, wie es so wunderbar heißt: »hinter sein Werk zurücktreten.« Andererseits legt das Thema dieses Buches auf besondere Weise nahe, dass ich als Autor immer auch meine Erfahrungen einfließen lasse. Manchmal auch, ohne dass mir das bewusst ist. Ich habe mit Gewissheit eine Sicht der Dinge entwickelt, die mit meinem Leben als Partner vereinbar ist. Ja, es ist sogar davon auszugehen, dass ich Teile meiner Sicht auf Paare so entwickelt habe, dass sie mein Paarleben rechtfertigen. Als Leser sind Sie dann in einer unfairen Situation. Sie bekommen etwas als wissenschaftlich und objektiv im Sinne einer Wahrheit vermittelt, was in Wirklichkeit aber sehr subjektiv ist. Denn in dieses so umfassende, diffuse, komplexe und schwer fassbare Thema der Liebesbeziehung und der Liebe fließt immer viel Persönliches ein. Das ist sicherlich immer so, aber vielleicht kann ich es abmildern.

Ich möchte Ihnen also etwas über meine Liebesbeziehungen sagen, weil ich mir sicher bin, dass sie mein Verständnis und meine Auffassung von Liebe mehr prägen, als mir lieb ist. Also, mit einer anderen Frau in meinem Leben wäre dies auch ein anderes Buch.

Ich war 15 Jahre alt, als die neoromantische Revolution, die Zeit der Hippies, der sexuellen Revolution und der 68er-Revolte auf ihrem Höhepunkt war. Einen nackten Busen zu sehen war noch eine Sensation. Sex war eine Sensation. Sex und Liebe waren eins. Ich durchlebte dann die üblichen Wirren der seriellen Monogamie. Eine Beziehung. Keine Beziehung. Eine Beziehung. Lauter Sex-Beziehungen. Zwei Beziehungen. Noch eine Beziehung und so weiter. Als ich 32 Jahre alt war, heiratete ich, bekam drei Kinder und bin seitdem mit meiner Frau zusammen.

Eine lange Zeit. Ich bin selbst erstaunt. Claudia, meine Frau, und ich, wir sind beide Scheidungskinder. Wir glauben, dass uns das geholfen hat, zusammenzubleiben. Scheidungskinder scheinen sich entweder gegen Beziehungen zu entscheiden, weil sie ihnen nicht trauen und vorsichtig sind, sich zu binden. Oder sie halten an ihren Beziehungen besonders fest, wollen es anders machen als die Eltern und fürchten sich intensiv vor Trennungen. Wenn sie selbst Kinder haben, möchten sie ihnen die Trennung ersparen. Letztlich ein Selbstheilungsversuch. In anderen, schlechteren Zeiten habe ich meine Ängste eher als etwas verflucht, das mich daran hinderte, mich zu trennen. Solche Zeiten gab es. Es gibt starke Seiten in unserer Beziehung, wie Sexualität und Weltsicht, die uns immer verbinden. Und andere, wie Lebensstil oder Kontaktverhalten, in denen wir uns nie nahekommen werden. Falls das zu kompliziert klingt: meine Frau mag viel, ich mag wenig. Meine Frau schweigt gerne, ich möchte mich mit ihr austauschen. Und ich wette, sie sieht es anders!!!

Wir hatten Affären und haben sie gemeinsam überstanden. Wir wollten uns trennen und haben es nicht getan. Unsere Kinder meinen immer mal wieder, wir sollten eine Paartherapie machen, weil wir uns so unglaublich verletzend streiten und uns aus dem Stand heraus angiften können. Wir haben eine Paartherapie gemacht. Wir sind kein Herz und eine Seele, wir grenzen uns ständig voneinander ab. Ich habe uns nie als glückliches Paar gesehen, wenn ein glückliches Paar eines ist, das ständig Freude aneinander findet. Ich habe uns immer als ein glückliches Paar gesehen, wenn ein glückliches Paar ein Paar ist, das es vermag, ein gemeinsames Leben aufzubauen und gemeinsam einen Platz in der Welt zu finden. Es gibt Paare, in denen es die Partner leichter miteinander haben als wir. Es gäbe noch sehr, sehr viel zu sagen. Aber ich weiß jetzt, wozu ich es aufschreibe.

Es geht um den Platz. Den Platz im Leben. Der Psychotherapeut Al Pesso, einer meiner Ausbilder und Lehrer, hält »einen Platz zu haben« für unser erstes Grundbedürfnis. Wir kommen auf die Welt. Und wenn uns die Welt keinen Platz anbietet, es keine Menschen gibt, die uns willkommen heißen, dann verlassen wir die Welt ziemlich umgehend wieder. Wir brauchen einen Platz in der Gemeinschaft der Menschen, wo wir beschützt und angenommen sind. Wir ahnen schon, dass dieser Platz viel mit Liebe zu tun hat.

Aber unser Leben endet ja nicht als Kleinkind. Wir suchen uns immer wieder unseren Platz. In der Hierarchie der Kinderkrippe, auf der Schulbank, in unserer Jugendgang, an der Seite unserer Geliebten. Und irgendwann dann in einer festen Liebesbeziehung, die wir nicht mehr in Frage stellen wollen.

Wenn Paare sich getrennt haben, dann erlebe ich immer wieder diesen Schmerz über den verlorenen Platz. Besonders heftig ist er, wenn das Paar Kinder hat. Ich will gerne eingestehen, dass aus meiner eigenen Geschichte heraus ein Stück weit meine Vorstellungen auf diese Situationen projiziere. Aber ich glaube, ich erlebe die Schilderungen von Männern und Frauen doppelt. Als das Kind, das weiß, wie sich der Verlust anfühlt, und als Erwachsener, der als Mann, Vater und Therapeut fühlt, wie wertvoll es ist, diesen Platz zu haben. Und ihn zu erhalten. Ja, er ist oft zu eng, zu öde, zu leblos, zu banal. Und stellt uns so vor die entscheidende Frage. Eine Frage, die sich sicher anderen Generationen nicht ständig gestellt hat: Sollen wir unseren Platz, unsere Liebesbeziehung aufgeben, weil sie einfach unerträglich wenig von dem Leben beinhaltet, dass wir uns vorstellen können? Oder sollen wir stattdessen mehr von unseren Ansprüchen und Vorstellungen aufgeben? Und bleiben.

Wir sind geblieben. Ich bin geblieben. Ich habe keine Ahnung, wie es mir gehen würde, wenn ich meinen Platz aufgegeben hätte. Wäre ich vielleicht ein zufriedenerer Mensch? Meine Entscheidung, wie auch immer sie im Einzelnen zustande gekommen ist, hat mich sicher geprägt. Und das haben die Texte, die Sie hier gelesen haben, gewiss transportiert. Das wollte ich mit Ihnen teilen.

ANMERKUNG

Um den Text leichter lesbar zu halten, habe ich darauf verzichtet, jedes Mal beide Geschlechtsformen anzuführen, habe also nur »Leser« statt »Leser/in« geschrieben. Ich habe mich stattdessen bemüht, zwischen den Geschlechtern hin- und herzuwechseln und in meinen Beispielen mal aus der weiblichen, mal aus der männlichen Perspektive zu schreiben.

Die verwendeten Fallbeispiele habe ich so verfremdet, dass sich niemand sorgen musste, wiedererkannt zu werden.

DANK

Der erste Dank geht an die Frau meines Lebens, Claudia. Kein Text von mir, der nicht zuerst von dir gelesen wird. Danke für die vielen Jahre, danke für »uns«!

Der nächste erste Dank geht an Laura, Billy und Nick. Ihr seid großartig. Danke für das Korrekturlesen, Billy!

Ohne meine Paare und Klienten wäre natürlich dieses Buch gar nicht möglich geworden. Ich danke jedem Einzelnen für das Vertrauen, das Sie mir entgegen bringen und die Einsichten, die Sie mir jeden Tag ermöglichen.

Spezieller Dank auch an Hildegard Bode, Ulrike Fischer und Andrea Seiferth für ihre Unterstützung und Hilfe. Kirsten von Sydow, Ricarda Rudert und Brigitte Gemeinhardt für ihre fachliche Unterstützung.

Sue Johnson hat mir geholfen, Paare noch einmal ganz anders und, wie ich glaube, besser zu verstehen.

Nikola Haaks, Silke Baumgarten und Sonja Niemann verbessern ständig meine Texte, und Brigitte Huber hat mit dazu beigetragen, dass das ganze Projekt überhaupt möglich wurde. Heike Wilhelmi hat es für mich weitergetragen. Mein Dank gilt allen.

Und Tanja Rauch, meine Lektorin, danke, dass du an das Buchprojekt geglaubt und mich so vertrauensvoll begleitet hast!

Mein letzter Dank gilt allen Freunden, Kollegen und Trainern, die auf die eine oder andere Weise mein Leben und meine Arbeit bereichert haben. Und allen, die jetzt das Gefühl bekommen, ich hätte sie vergessen.

BIBLIOGRAFIE

Baker, Robin: *Krieg der Spermien. Weshalb wir lieben und leiden, uns verbinden, trennen und betrügen*. Limes, München 1997.

Bartens, Werner: *Was Paare zusammenhält. Warum man sich riechen können muss und Sex überschätzt wird*. Knaur, München 2013.

Bauman, Zygmunt: *Flaneure, Spieler und Touristen. Essays zu postmodernen Lebensformen*. Hamburger Edition, Hamburg 1997.

Bergner, Daniel: *Die versteckte Lust der Frauen. Ein Forschungsbericht*. Knaur, München 2014.

Bischof, Norbert: *Das Kraftfeld der Mythen. Signale aus der Zeit, in der wir die Welt erschaffen haben*. Piper, München 1996.

Bodenmann, Guy: *Stress und Partnerschaft. Gemeinsam den Alltag bewältigen*. Hans Huber, Bern 2001.

Bormans, Leo (Hg.): *Liebe. The World Book of Love. Das Geheimnis der Liebe*. DuMont, Köln 2013.

Bruckner, Pascal: *Verdammt zum Glück. Der Fluch der Moderne*. Aufbau-Verlag, Berlin 2001.

Clement, Ulrich: *Systemische Sexualtherapie*. Klett-Cotta, Stuttgart 2004.

Dym, Barry; Glenn, Michael L.: *Liebe, Lust und Langeweile. Die Zyklen intimer Paarbeziehungen*. dtv, München 1997.

Everett, Daniel: *Das glücklichste Volk. Sieben Jahre bei den Pirahã-Indianern am Amazonas*. DVA, München 2010.

Felser, Georg: *Bin ich so wie du mich siehst? Die Psychologie der Partnerwahrnehmung*. Beck, München 1999.

Fine, Cordelia: *Die Geschlechterlüge. Die Macht der Vorurteile über Frau und Mann*. Klett-Cotta, Stuttgart 2012.

Fisher, Helen: *Die vier Typen der Liebe. Wer zu wem passt und warum*. Droemer, München 2009.

Fisher, Helen: *Warum wir lieben: Die Chemie der Leidenschaft*. Walter, Zürich, Düsseldorf 2005.

Fonagy, Peter: *Bindungstheorie und Psychoanalyse*. Klett-Cotta, Stuttgart 2003.

Fredrickson, Barbara L.: *Die Macht der Liebe. Ein neuer Blick auf das größte Gefühl*. Campus, Frankfurt am Main, New York 2013.

García Márquez, Gabriel: *Erinnerungen an meine traurigen Huren*. Kiepenheuer & Witsch, Köln 2004.

Gottman, John M.: *The Science of Trust. Emotional Attunement für Couples*. W.W. Norton & Company, New York, London 2011.

Gottman, John M.; *Silver, Nan: Die 7 Geheimnisse der glücklichen Ehe.* Econ, München 2000.

Gottman, John; Silver, Nan: *Die Vermessung der Liebe: Vertrauen und Betrug in Paarbeziehungen.* Klett-Cotta, Stuttgart 2014.

Grammer, Karl: *Signale der Liebe. Die biologischen Gesetze der Partnerschaft.* Hoffmann und Campe, Hamburg 1993.

Hahn, Cornelia; Burkart, Günter (Hg.): *Liebe am Ende des 20. Jahrhunderts. Studien zur Soziologie intimer Beziehungen.* Leske und Budrich, Opladen 1998.

Hillenkamp, Sven: *Das Ende der Liebe. Gefühle im Zeitalter unendlicher Freiheit.* Klett-Cotta, Stuttgart 2009.

Hofstadter, Douglas; Sander, Emmanuel: *Die Analogie. Das Herz des Denkens.* Klett-Cotta, Stuttgart 2014.

Holzberg, Oskar: *Wer die Liebe sucht ... Orientierungshilfen für Paare.* Ellert & Richter Verlag, Hamburg 2006.

Hughes, Daniel: *8 Keys to building your best relationships.* Norton, New York 2013.

Illouz, Eva: *Die Errettung der modernen Seele. Therapien, Gefühle und die Kultur der Selbsthilfe.* Suhrkamp, Frankfurt am Main 2009.

Illouz, Eva: *Gefühle in Zeiten des Kapitalismus.* Suhrkamp, Frankfurt am Main 2006.

Illouz, Eva: *Warum Liebe weh tut. Eine soziologische Erklärung.* Suhrkamp, Frankfurt am Main 2011.

Johnson, Sue: *Praxis der Emotionsfokussierten Paartherapie.* Junfermann, Paderborn 2009.

Johnson, Sue: *Halt mich fest. Sieben Gespräche zu einem von Liebe erfüllten Leben. Emotionsfokussierte Therapie in der Praxis.* Junfermann, Paderborn 2011.

Johnson, Sue: Love Sense. *The Revolutionary New Science of Romantic Relationships.* Little, Brown and Company, New York, Boston, London 2013.

Keen, Sam: *Das Chaos der Liebe. 16 Schlüsselelemente für unser zentrales Lebensgefühl.* Kabel, Hamburg 1998.

Kipnis, Laura: *Liebe. Eine Abrechnung.* Campus, Frankfurt am Main, New York 2004.

Klein, Marty: *Sexual Intelligence. What We Really Want From Sex and How to Get It.* Harper One, New York 2012.

Lerner, Harriet: *Beziehungsregeln: Die ultimativen Tipps für alle, die Partnerschaftskrisen satt haben.* Kailash, München 2012.

Levitt, Steven D.; Dubner, Stephen: *Think Like a Freak: Andersdenker erreichen mehr im Leben.* Riemann, Mönchengladbach 2014.

MacHale, Des: Wit. *Prion,* London 1997.

Neuburger, Robert: *Mythos Paar. Was Paare verbindet.* Walter, Zürich, Düsseldorf 1999.

Nuber, Ursula (Hg.): *Mann & Frau. Liebe, Freundschaft und so weiter.* Heyne, München 1988.

O'Leary, K. Daniel; Heyman, Richard E.; Jongsma, Arthur E. Jr.: *The Couples Psychotherapy. Treatment Planner.* John Wiley & Sons, Inc., New York, Chichester, Weinheim u.a. 1998.

Perel, Esther: Wild Life. *Die Rückkehr der Erotik in die Liebe.* Pendo, München, Zürich 2006.

Retzer, Arnold: *Lob der Vernunftehe. Eine Streitschrift für mehr Realismus in der Liebe.* S. Fischer, Frankfurt am Main 2009.

Retzer, Arnold: *Systemische Paartherapie. Konzepte – Methoden – Praxis.* Klett-Cotta, Stuttgart 2004.

Roth, Gerhard; Strüber, Nicole: *Wie das Gehirn die Seele macht.* Klett-Cotta, Stuttgart 2014.

Schmid-Fahrner, Christine: *Spielregeln der Liebe. Integrativ systemische Paartherapie.* dtv, München 1997.

Schmidt, Gunter: *Das neue Der Die Das. Über die Modernisierung des Sexuellen.* Psychosozial-Verlag, Gießen 2005.

Schmidt, Gunter; Matthiesen, Silja; Dekker, Arne; Starke, Kurt: *Spätmoderne Beziehungswelten.* VS Verlag für Sozialwissenschaften, Wiesbaden 2006.

Schnarch, David: *Die Psychologie sexueller Leidenschaft.* Klett-Cotta, Stuttgart 2006.

Schnarch, David: *Intimität und Verlangen: Sexuelle Leidenschaft in dauerhaften Beziehungen.* Klett-Cotta, Stuttgart 2011.

Schulze, Gerhard: *Kulissen des Glücks. Streifzüge durch die Eventkultur.* Campus, Frankfurt am Main, New York 2000.

Schwartz, Barry: *Anleitung zur Unzufriedenheit. Warum weniger glücklicher macht.* Econ, Berlin 2004.

Schwartz, Pepper: *Vergessen Sie alles, was Sie über Liebe und Sex wissen, und lesen Sie dieses Buch.* rororo, Reinbek 2004.

Sigusch, Volkmar: *Neosexualitäten. Über den kulturellen Wandel von Liebe und Perversion.* Campus, Franfurt am Main, New York 2005.

Solomon, Marion; Tatkin, Stan: *Liebe und Krieg in Paarbeziehungen. Verbundenheit, Unverbundenheit und wechselseitige Regulation in der Paartherapie.* Junfermann, Paderborn 2013.

Tatkin, Stan: *Wired for Love. How Understanding Your Partners Brain and Attachment Style Can Help You Defuse Conflicts and Build a Secure Relationship.* New Harbinger Publications, Inc., Oakland 2011.

Verhaeghe, Paul: *Liebe in Zeiten der Einsamkeit. Drei Essays über Begehren und Trieb.* Turia und Kant, Wien 2004.

Von Sydow, Kirsten; Seiferth, Andrea: *Sexualität in Paarbeziehungen. Praxis der Paar- und Familientherapie.* Hogrefe, Göttingen, Bern, Wien u.a. 2015.

Vann, David: *Die Unermesslichkeit,* Suhrkamp, Berlin 2012.

Willi, Jürg: *Psychologie der Liebe. Persönliche Entwicklung durch Partnerbeziehungen.* Klett-Cotta, Stuttgart 2002.